古さを感じさせない
フルリノベーション

負の遺産がお金を産み出す「優良資産」に!

親のボロ家活用事例

リフォームして再生、建て替え、資産を組み替えなど、親のボロ家の収益化に成功した事例です。

しっとり落ち着いたムードの和室は外国人にも人気です。

ケース1 中古戸建て → 旅館アパート

Before

東京都内の古びた和風建築の家をフルリノベーション。水回りも一新して人気のお宿に!

→p129に詳細なエピソードを紹介しています。

月収
約30万~50万円

調理用具や洗濯機なども完備されて便利！

ケース2 中古戸建て → 旅館アパート

Before

ゆったりとしたソファを配置したリビングダイニングは、旅行者にとって憩いの場所となっています。

月収
約30万〜50万円

既存のリビングを活かして旅館アパートへ転用したケース

ケース3 新築旅館アパート

親から継いだ借地に旅館アパートを新築したところ、たちまち高稼働を記録しました。

→p150に詳細なエピソードを紹介しています。

月収
約120万～150万円

旅館アパートでは帳場の設置が義務付けられています。

ゆったり広めの部屋は
グループ客に大人気

新築の強みといえば何といってもピカピカの水回り。分譲仕様です。

ケース4 新築賃貸併用住宅（旅館アパート併用住宅）

マイホームと旅館アパートを両立させた賃貸併用住宅は広々としたつくりが人気です。

→p146に詳細なエピソードを紹介しています。

月収
約40万〜50万円

ケース5 新築吹き抜けアパート

相続した借地に競争力ある吹き抜けアパートを建築。競合物件が少なく高稼働しています。

→p134に詳細なエピソードを紹介しています。

月収
約65万円

気持ち良い
吹き抜けが魅力的!

吹き抜け型アパートの特徴といえば、天井が高く広々とした居住空間。

“続”

「賃貸」で月5万円の物件を「旅館」で月20万円の物件に変える方法

親のボロ家から笑顔の家賃収入を得る秘策！

兼業大家 白岩《しらいわ》 貢《みつぐ》

はじめに

◆日本の少子高齢化は思った以上に深刻

数ある書籍の中、本書を手に取っていただきまして、誠にありがとうございます。

本書に興味を持った、あなたはどんな方でしょうか。

親御さんが不動産を複数持っている地主さんのご子息。それとも、ご自身が不動産を所有する「将来への備えをしておきたい」と考えている地主さんでしょうか。


あなたは日本の未来をどのように考えていますか？


最近、私が読んで興味深く感じた本があります。

『未来の年表　人口減少日本でこれから起きること』『未来の年表2　人口減少日本であなたに起きること』（ともに河合雅司著・講談社現代新書）です。

「日本の少子高齢化」は、もはや皆さんの常識になっていると思います。

それが日本にとって大きな課題であることを認識していても、「少子高齢化の実態」を正確に把握している人はほとんどいない・・・そう著者の河合氏はいいます。

国会議員や地方自治体の首長、経済界の重鎮たちですら、正確にはわかっていないそうです。

日本の少子化はすでに深刻な状態になっています。

今後の日本社会は子育て支援政策が多少の成果をあげたとしても、出生数が増加することにはなりません。

その詳しいところは『未来の年表 人口減少日本でこれから起きること』をお読みいただきたいのですが、日本の人口は「東京を含めたすべての自治体」において減っていくのです。

人口減少に関するデータとして、2015年の国勢調査では、総人口1億2709

万5000人となり、5年前の調査と比較したところ、96万3000人の減少がみられました。

国勢調査は1920年から行われていますが、初めての減少だといいます。

さらには2016年に年間出生数がはじめて100万人を割り込んで、97万6979人となりました。

こうしたデータからいっても、今すぐ日本から人が消えることはありませんが、50年先、100年先を見ていけば、「ぞっとするほど日本人は少なくなる」と河合氏はいいます。


いずれにしても相続される不動産があまっていくのは、もう避けられないことなのです。だって日本から人が減っていくのですから。


空き家はすでにあふれています。

もう数年前になりますが、2013年時点における日本の空き家は820万戸にのぼり、空室率は13・5%と先進国最高水準となっていることが報道されて大きな話題となりました。

くわえて言えば、相続税の問題もあります。こちらも2015年に大きな法改正がありましたが、今年も改正されています。

本書は2015年2月に刊行された同タイトルの最新版となります。

同年に行われた相続税改正をうけて「親の家」を引き継ぐ皆さんのため、「よりよい相続」と「空き家の活用法」についてを提案し、ご好評をいただきました。

ところが、その後「空き家等対策特別措置法」が施行され、さらには今年に入ってまた相続税が一部改正されました。

それにより相続をとりまく状況にさらに変化が起こりました。そこで改正された税法に、私が取り組んでいる「旅館アパート」についての最新情報を大幅加筆し、続編と改題しました。

◆相続でもっとも大切なことは何か？

実際のところ「相続問題」で悩まれている方は多くいらっしゃいます。

ここ数年で新聞やテレビから「相続」という言葉を頻繁に耳にすることが増えましたし、その情報も無数にあり、むしろ、どうやって情報を選んだらいいのか迷うくらいです。

その理由として、先述した2015年に施行された相続税の大幅改正の影響が大きくあります。しかも、これは東京のような地価の高い大都市に限っての話ではありません。

主要都市である札幌・仙台・名古屋・大阪・広島・福岡はもちろんのこと、ある程度の規模がある地方都市で駅から利便の良い立地、国道沿いなどは土地の評価が高いものです。

それに、サラリーマン投資家で不動産を取得した皆さんも、いずれは子供たちが「あなたの遺産」を巡って相続問題に直面せざるを得ません。

大事な点としては、「相続」は単なる税金の支払いではありません。まず、どのような財産があり、それをいくら遺したのか把握しなければいけません。そして遺族へどのように分け与えるのかを決めることも大事です。つまり申告や納税はその後の話です。

相続ではまず「どのような資産を持っていたのか？」を把握します。親が良い立地に不動産を保有していたがため、資産価値が高すぎて、相続税の支払いが心配だ・・・という方もいらっしゃるかもしれません。

そこまでの資産はなくても「親が住んでいる実家（マイホーム）と現金、有価証券」という人もいらっしゃるでしょう。

いずれにしても「親の遺産をどのようにして分けるのか？」に尽きます。

とりわけ本書のテーマでもある親の資産は、親御さんの家をはじめ、不動産が主になることも多く、これは現金のように簡単に割ることができません。利害が絡めば、たとえ仲の良かった親兄弟でも話はなかなか進まないものです。

なんの準備もしておらず、決められた期間に全員が納得できる相続を行うことは至難の業でしょう。むしろ、驚くほど多くの家庭で目も当てられぬ醜い相続争いに巻きこまれているのが現実なのです。

かくいう私自身も例外ではなく、かつては一次相続において兄と母・姉・私、二次相続では兄と姉・私が対立し、それこそ泥沼、血肉の争いが勃発したのです。この件は第2章で詳しく触れることにしますが、その問題は母が亡くなってから6年が経過した現在も、まだ解決に至っておりません。トラブルや失敗に直面して、いかに事前に対策を行うことの大切さが身に染みて理解しました。

ですから読者の皆さんが私と同じ境遇にならないためにも、ぜひ私の経験を糧にしていただきたいと切望します。

「知る」ことによって、必ず対策を立てることができます。

◆「インバウンド需要」がキーとなる！

ここで、少し私自身の紹介をさせていただきます。

私は現在アパート6棟と貸家4軒を所有する大家です。

大家となったきっかけは父からの相続ですが、先述した通り肉親同士で争いが起こりました。

様々な問題があったものの、親から継いだ資産を新築アパートへと、上手に活用して、逆に大きなチャンスを得ることができました。

このようにして、ひたむきに不動産と向き合っているうちに、かつてはタクシー運転手であった私が、全国から多くのご相談をいただくことになりました。

そして、これまでに数え切れぬほどの地主さんや大家さんと出会い、現在では新築アパートづくりのサポートをさせていただいております。

しかし、冒頭に述べた通り日本における人口減の問題は深刻ですし、すでにあまった空き家が社会のお荷物になっている現実があります。

そこで「入居者＝日本人」という視点を、思い切って変えてみることを提案します。

皆さんは、街を歩いていると外国人旅行客が増えていると感じたことはありませんか。そこには「インバウンド」のニーズがあります。「インバウンド」とは外国人が訪れてくる旅行のことです。

２０１５年に1年を象徴する言葉として、ユーキャン新語・流行語大賞に「爆買い」と共にノミネートされました。

その後、３年が経ち「爆買い」という言葉が聞かれなくなった今でも訪日外国人旅行客は増え続けています。

直近でいえば、菅義偉官房長官が8月20日、今年の訪日外国人旅行者数が15日時点で２０００万人を突破したことを発表しました。

これは昨年より約１カ月早く、過去最速のペースといいます。

菅氏は「安倍（晋三）政権は観光を地方創生の切り札、成長戦略の柱という思いで推進してきた」と述べ、2020年に4000万人の目標達成に向け、国立公園の整備や魅力発信などに取り組む考えを示したと報じられています。

つまり、2015年からブームが巻き起こったインバウンド需要はまだまだ続いているのです。

私は、多くの外国人旅行客が来日している現実を知り、この海外のお客さんをどのようにして取り込むかを考えていった結果、アパートを宿にするアイディアにたどり着きました。

そして、この進化したアパートを「旅館アパート」と名付けました。

私の基本となるエリアは東京の世田谷・目黒なのですが、そこだけにはこだわらず、今後はさらに全国へ向けて活動の場を広げていくことを考えています。

◆「親の家」で将来の不安を解消

さて、ここで本題である「親の家」の話をしましょう。

話をわかりやすくするために「親の家」としていますが、これは「親から相続する不動産全般」を指します。

最近ではネガティブな情報も増えていますが、不動産投資に注目が集まっています。その理由は、将来への不安があるからです。

たとえ大企業に勤めているからとはいえ、いつまでも安心できるご時世ではありません。

「果たしてこの先も、うちの会社や仕事は大丈夫だろうか・・・」という不安を抱かれている方が多くいらっしゃいます。

自分や家族がもしも重い病気になったり、ケガをしたらどうなるのでしょうか。

さらに老後については公的年金に期待などできるわけもなく、心配の種は尽きることがありません。

このような私たちをとりまく将来の問題については第3章で解説しています。

給料や年金とは別に、いくらかでも安定した収入が確保さえできれば、それだけでも精神的・経済的にも余裕ができるものです。

私はそのために「皆さん、不動産投資をしましょう！」と提唱しているのです。

そこで、話題を先ほどの「親の家」に戻します。

皆さんの親御さんは、不動産をお持ちですか？　ビルや1棟マンションでなくても、ごく普通の「マイホーム」でもよいのです。

特に、ローンの返済が終わり、抵当権も何もついていないマイホームであれば、とても大きな可能性を秘めています。

この「親の家」をただ所有しているだけなら収益を生むどころか、むしろ維持する手間や、古くなった設備のリフォーム、固定資産税などの支払いでお金を失っていきます。

つまり、「マイナスの資産」と成り下がってしまうわけです。また、私のように相続問題に巻き込まれるかもしれません。

長男が家を継ぐとなれば、次男は「それなら俺の分は現金でよこせ！」となるものです。せっかく資産価値の高い家であるにもかかわらず、現金の用意ができないために泣く泣く手放したケースもよくあります。

以上のようなことも踏まえて、私は不動産投資のひとつの手法として、「親の家」を「旅館アパート」として有効活用する方法を提案します。

◆「親の家」を活用した不動産投資術

すなわち、すでにあるマイホームという資産（不動産）へ、追加投資をして収入を得るプロジェクトです。

新築や改修の費用（追加投資）には、預貯金からの一部をまわしたり、抵当権が付いていない土地を担保にしてローンを借りるのです。

建物の状態によっては、「親の家」をそのままの形でリフォームをして活用することも可能ですし、場合によっては建て替えも検討します。

もしくは「親の家」を売却して、新たにニーズのある立地に新築する。もしくは、中古物件を購入してリフォームするという方法もあります。

数ある不動産投資の手法の中においても、「親の家の活用」は非常に安定性が優れております。言い換えれば、これで失敗するほうがよほど大変なくらいです。

もちろん、すべての「親の家」が賃貸物件にふさわしいわけではありませんし、そのベストな運用法は各々の家によって変わるものです。

私は「旅館アパート」に大きな可能性を感じていますが、そのほかにもやり方はあります。

それゆえ、立地とプランニングは慎重に検討します。その「親の家」を具体的に、どのように活用していくかについては第3章で詳しく解説します。

第4章では「親の家」をはじめとした「親の資産」を活用した事例の紹介です。特別な要素があって大儲けした武勇伝ではなく、あなたにも確実に起こりうる、実際にあった話だけをまとめました。

そして第6章では、相続税のスペシャリストでもある浅野和治氏と私の姉である菅タエコ、私の座談会です。

「相続税」については様々な情報が溢れておりますが、税に精通していない素人にとっては難解な部分が多いです。

私が経験したように「知らない」というだけで、数千万円も大損してしまうこともあるのです。その仕組みと最新情報をお伝えいたします。

◆マイホーム神話に執着するのは止めましょう！

「親の家」に対して、いずれ継ぐマイホームと考えている方も多いです。

そのような人は、「家」をあくまで自分と家族が暮らすためのスペースであると思い込み、それ以外の使い方など考えたこともないのだろうと想像します。

もしくは賃貸住宅に住めば「月々の家賃を払うのがバカらしい」から、ローンを組んででもマイホームを買ったほうが得策と考えていらっしゃるのでしょう。

それは、大きな勘違いだと思います。もちろん、家族の暮らしは大切です。

しかし、安心して家族が暮らせるスペースをどうやって確保するのかが重要であり、買うのか借りるのかはその後の問題だと思います。

万が一の倒産やリストラ、減給・・・そのような目に遭ったとき、収益物件からの賃料収入があり、金銭的な悩みが少しでも軽減できれば、そのほうが精神的に楽になるのではないでしょうか。

どれほど立派なマイホームを手に入れたとしても、将来への不安を抱いておれば決して心穏やかに暮らすことはできません。


これは退職を迎えた方にも同様のことがいえます。

誰でも年齢を経るにつれ、肉体機能は低下するものです。それゆえマイホームくらいは居心地のよい空間にしたい。そのため、皆さんは自宅の建て替えやリフォームを考えるようです。

しかし、自宅を建て替えるにせよ、リフォームするにしても資金が要ります。十分に老後の資金を準備できた人ならともかく、限られた貯金や退職金の大半を自宅に費やしてしまうとなれば、「あとは公的年金だけが頼り・・・」ということにもなりかねません。果たして、それで大丈夫なのでしょうか？

イメージだけ先行している「夢のマイホーム神話」から、そろそろ抜け出しませんか。

「親の家」の活用こそが、これからの時代の真の資産運用なのです。本書では「親の家」を上手に使って、豊かになれるヒントを提案いたします。皆さんの少しでもお役に立てば、著者としてこんなに嬉しいことはありません。

白岩　貢

※本書は２０１５年に同社より刊行された『親のボロ家から笑顔の家賃収入を得る方法』を改題し、内容も大幅に加筆修正したものです。

巻頭カラー
負の遺産がお金を産み出す「優良資産」に！
親のボロ家活用事例

第1章 「親の負の遺産」を解決する新しい手段

第2章 親の遺した財産で一家が地獄に堕ちる！

第3章 将来の備えに役立つ「親の家」

第4章 「親の家」でお金を産むという発想

第5章 「親の家」を活かした成功実例

第6章 「相続のプロ浅野先生」と「60代実践者タエコさん」に聞いた! 損をしない円満な相続とは?

【税理士】浅野和治氏 &【大家】白岩貢・菅タエコ

第1章

「親の負の遺産」を解決する新しい手段

～空き家や空室アパートから家賃以上の収入を得る「旅館アパート」投資法～

私はこれまでアパート・貸戸建て・シェアハウス・賃貸併用住宅と様々な新築物件を手掛けてきましたが、最近になって力を入れているのが「旅館アパート」です。

「旅館アパート」とは、アパートを旅館として活用する新しい不動産投資の形です。アパートを旅館にして誰が泊まるのか・・・それは、外国人旅行客です。

「外国人」「宿泊施設」というキーワードから、何か特別に難しい事業をイメージされるかもしれませんが、実際にはアパートや貸戸建てとなんら変わりありません。

第1章では、この旅館アパートについて解説したいと思います。

人口が減り、空き家が増え続ける「未来」

日本の少子高齢化は、急激に進んでいます。

「はじめに」で述べましたが、国勢調査の結果、2015年の総人口は1億2709万5000人となり、5年前に比べて96万3000人の減少が見られました。

このようにハイスピードで人が減っていく状況はこれからも続き、国立社会保障・人口問題研究所の「日本の将来推計人口（平成29推計）：出生中位・死亡中位推計」（各年10月1日現在人口）によれば、2065年には総人口が9000万人を割り込み、高齢化率は38％台の水準になると推計されています（図A参照）。対する出生率は、2016年に97万6979人とはじめて100万人を切りました。

過去をいえば、1947〜1949年の第1次ベビーブームの最高値は269

図A　人口の年次推移

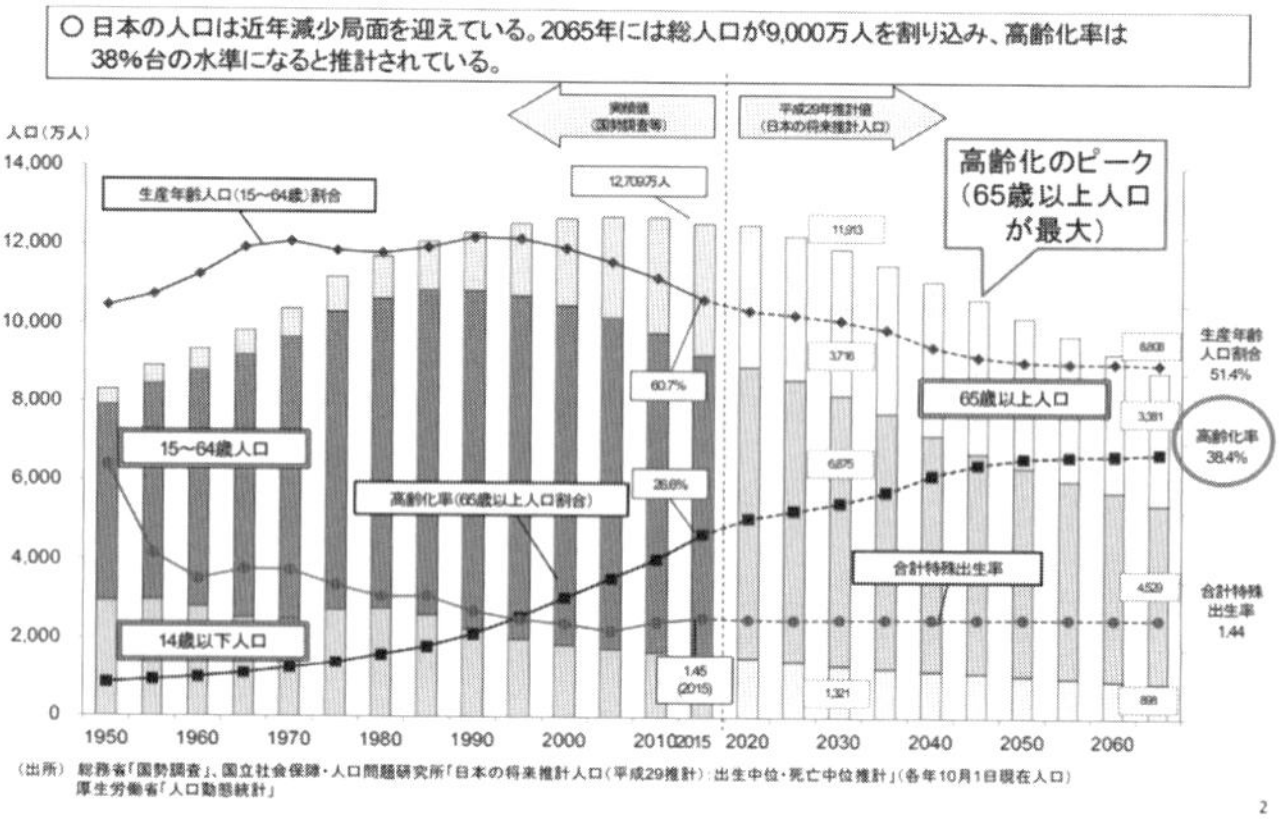

図B　出生数及び合計特殊出生率の年次推移（昭和22～平成77年）

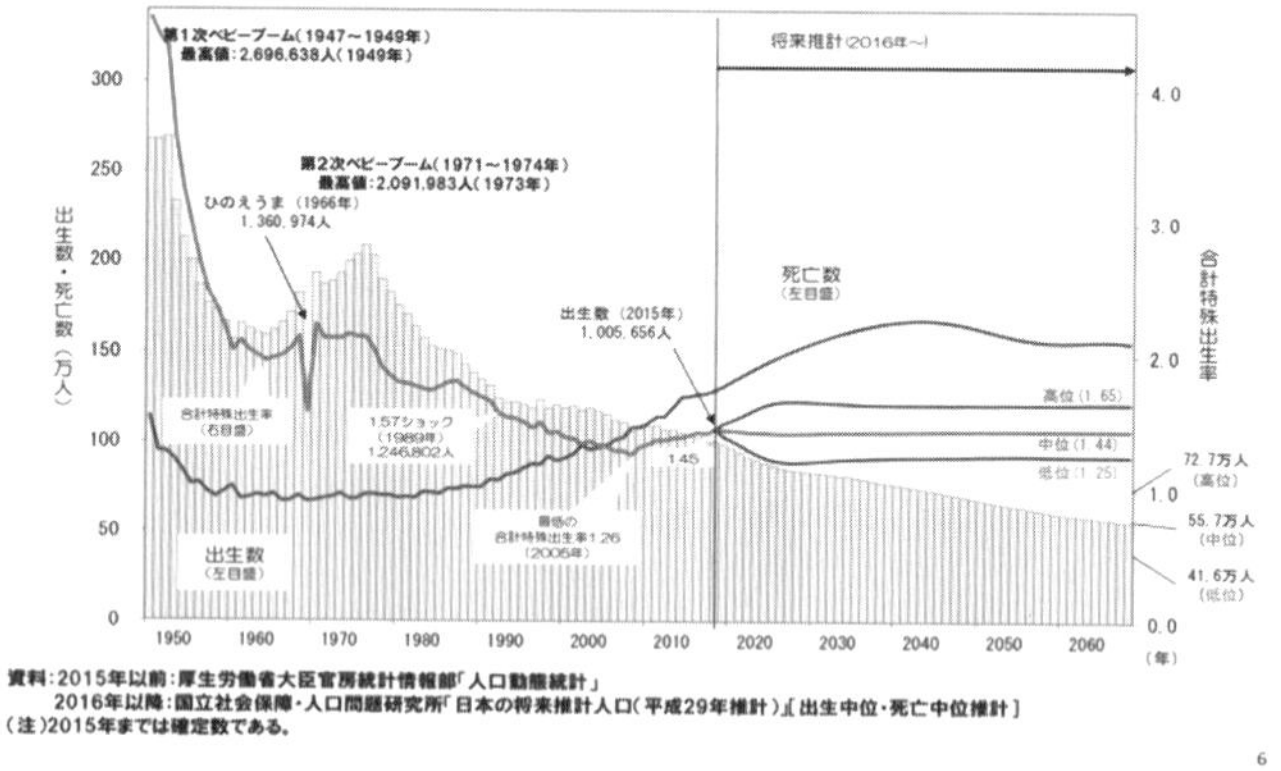

出典　「日本の将来推計人口（平成29年推計）の概要」国立社会保障・人口問題研究所
https://www.mhlw.go.jp/file/05-Shingikai-12601000-Seisakutoukatsukan-Sanjikanshitsu_Shakaihoshoutantou/0000173087.pdf

万6638人（1949年）。そして、1971から1974年の第2次ベビーブームの最高値209万1983人（1973年）です。

つまり、第1次ベビーブームからすれば3分の1程度。第2次ベビーブームからすると2分の1程度。そこまで出生数が落ち込んでいるのです（図B参照）。

先述した『未来年表　人口減少日本でこれから起きること』では、真に懸念すべきは、出生数が100万人を切ったことではなく、今後も出生数減少の流れが止まりそうもないことだと言います。

出生数は今後も増えることはなく、むしろ坂を転がり落ちていくように減少していく・・・これが日本の未来です。

出生数が激減することで何が起こるかといえば、人手不足です。

以前、飲食店の深夜のワンオペレーションが問題となりましたが、あらゆる分野において人手が足りなくなります。

これもすでに起こっていることですが、絶対的な後継者不足で事業の存続ができなくなります。これは賃貸事業も同様で「物件の供給に比べて、入居者の需要が少ない」という現象が起こります。需給バランスが崩れていくのです。

現に人が少なくなった地方では空室だらけのアパートが立ち並び、「もう何年も満室になったことはない」という話をたくさん聞きます。

入居を決めるためには数百万円にも及ぶリフォームが必要でその資金が捻出できないと、アパートをボロボロのまま放置した結果、ますます入居者がつかなくなるという悪循環が生まれます。

こうした厳しい地方に比べれば、東京はまだマシといえる状況ではありますが、相続税対策の名のもと、新しい物件はどんどん建てられていますから、「東京だから安泰」ということはありません。

「親の家」を放置して特定空き家になったらどうする？

空室がなかなか埋まらないとはいえ、賃貸物件として機能しているアパート・

マンションであれば、まだいくらかのお金を生んでくれます。

今、社会問題になっているのは、誰も住まなくなって放置された結果、廃墟のようになってしまった「親の家」です。

親が亡くなったタイミングでは、「思い出のつまった家だから」「荷物がたくさんあって片付けないといけないから」と何かと言い訳をして、問題を先送りした結果、家自体がお荷物となってしまうケースです。

2015年に施行された「空家等対策特別措置法」では、防犯・景観・衛生などの観点から、自治体に「危険や害がある」と判断されると、その家屋は「特定空き家」に認定されます。

正式には「特定空き家」は次のように定義づけられています。
①そのまま放置すれば倒壊等著しく保安上危険となるおそれのある状態

②そのまま放置すれば著しく衛生上有害となるおそれのある場合
③適正な管理が行われていないことにより著しく景観を損なっている状態
④その他周辺の生活環境の保全を図るために放置することが不適切である状態

この法律では、空き家への立ち入り調査も行えるほか、修繕や撤去を命令、さらには行政代執行で建物を解体し、その費用を所有者に請求できるとしています。

段階として、まず自治体は「特定空き家」であるかどうかを判断するための立入調査の権限が与えられています。

その結果により、自治体は撤去や修繕等の指導・勧告・命令といった行政処分を実行することができます。

所有者が、その指導や勧告を受けても是正しなければ、自治体は撤去や修繕等の命令を行います。

それでも所有者がこの命令に従わなければ、自治体は行政代執行により特定空き家を強制撤去することができます。

もちろん、撤去費用は所有者から徴収されます。撤去費用の支払いを拒めば、財産の差押を受けることも考えられます。

昨年は東京だけでなく、全国で空き家解体を行政代執行されたことがニュースで報じられています。

その他の措置としては、固定資産税の特例対象からの除外があります。この勧告を受けると、空き家の土地の固定資産税が増税されます。

通常、土地の上に家屋がある場合は「住宅用地の特例」(優遇借地)により、更地に比べて最大6分の1まで固定資産税が軽減されます。この特例の適用が認められなくなってしまうのです。

こうなってしまえば「親の家」を持っているだけで、多額の税金がかかります。売却することもできず、危険な状態になっても解体することもできず、放置したあげく、自治体による強制撤去になったにしても、その分の費用は請求されますし、払えなければ資産の差し押さえを受ける可能性もあるのです。

「インバウンドニーズ」に応えた不動産の有効活用法

こうした不動産を優良資産に組み替えるお手伝いをするのが私の仕事です。

現在、私はインバウンドのニーズに応えるべく、新しい不動産の有効活用に取り組んでいます。

具体的には処分に困っている空き家を、外国人向け宿泊施設「旅館アパート」として蘇らせる事業です。

つまり、今持っている自宅や賃貸物件を「宿」として使用することで、これまで得られなかった利益を得る仕組みを作ります。

これは古くなった戸建てやマンション、アパートも対象となります。

もちろん、かつてはおじいちゃんやおばあちゃんが住んでいた家でも利用できます。

この数年の間、テレビのニュース、ワイドショー、または新聞や雑誌などで「民泊」という言葉を耳にしたことがある方も多いと思います。

民泊というのは、住宅に人を泊めることを指しますが、法律が整備されていなかったことから「ヤミ民泊」が横行し、多くのトラブルが起こりました。

そうした中、今年の6月に住宅宿泊事業法、通称「民泊新法」が施行されて、違法な民泊が一掃されました。

これまで民泊を合法で行う際には、私が提唱する旅館アパート——旅館業の簡易宿所として許可を取得するか、大阪府や東京都大田区等の特区民泊を活用する方法しかありませんでした。

それが新法施行後は届出を行うことで、全国どこでも民泊の営業を行えるようになります。

目的を「(日本人に)住まいを提供する」から「(外国人に)宿を提供する」にして、それにあった手続きを踏むことで、合法的に宿にできるのです。

とはいえ「民泊新法」もそこまで簡単ではありません。むしろ事業として行うには圧倒的なハンデがあります（詳しくは第6章の座談会で解説します）。

とはいえ親の家の利用法としては、一つの手段ではあります。それ以外にも、旅館アパートをはじめ、吹き抜けアパート、賃貸併用住宅など、様々なやり方があります。

繰り返しになりますが、私のオススメは「旅館アパート」です。

持て余した親のボロ家を「旅館アパート」として活用することで、これまでの月極の家賃収入より2倍、3倍と増えて、思わぬ収益をもたらしてくれる可能性が広がっています。

2020年、外国人旅行客数4000万人を目指す

観光庁の「平成30年版観光白書」によれば、2017年の訪日外国人旅行者数

は、前年の２４０４万人から19・３％増の２８６９万人となりました。これは５年連続で過去最高を更新しています。

政府は東京五輪・パラリンピックが開かれる20年に訪日客を４０００万人に増やす目標を掲げていますが、訪日外国人旅行客数は順調に推移しています。

私がインバウンド需要に目を向けた２０１５年頃は「盛り上がるインバウンドブームは一過性のもの・・・」という声もありましたが、すでにここまでの実績があるのです。

対して、２０１３年の金融庁による異次元金融緩和をきっかけにした不動産投資バブルは完全にはじけています。

今年に入って起こった新築シェアハウス「かぼちゃの馬車」の破綻を発端に、不動産融資への問題が噴出しています。

最近のニュースでは、サラリーマン投資家が被害者として取り上げられていますが、２０１５年の相続税改正（詳しくは第６章、巻末資料をご確認ください）

の影響もあり、地主さん向けの新築アパートでも多くの失敗を生み出しています。

とある大手アパートメーカーでは、屋根裏にあるはずの住戸間の仕切り「界壁（かいへき）」がなく、建築基準法違反の疑いがある施工不良の物件が見つかりました。その数は９１８件あると言われ、同社は調査を進めています。

このような不正が行われている物件はともかく、法令が守られていても空室が埋まらず、当初予定していた収益が出ないという話も多く聞きます。

このことから、安易な新築アパートの建築については、慎重に考えるようアドバイスをしています。

ターゲットは日本全国！SNSから広がるNEW観光スポット

気が付けば新宿や渋谷は外国人旅行者があふれ、大阪の道頓堀も見渡せば日本人より外国人の方が多いくらいです。

外国人旅行客が増加しているとはいえ、「ホテルが足りないのは都会だけ!」「観光地でもないのに需要なんてあるの?」と疑問を抱かれる方もいることでしょう。しかし、その心配はご無用です。

彼らは東京や京都にとどまらず、もはや全国津々浦々に足を運んでいます。ですから、全国の空き家が宿泊施設になる可能性を秘めています。

田舎の田んぼを眺めるだけで感動し、露天風呂に猿が入っているだけで過疎の村が観光地へと変貌します。

私たちが日ごろ忙しく横断している渋谷のスクランブル交差点ですら、彼らにとっては立派な観光地です。要するに日本人と視点が違うのです。

また彼らは電車や新幹線、バスといった公共の交通機関を、私たちの想像以上に上手く活用していますし、中にはレンタカーを駆使して広範囲を移動する旅行者もいます。そして、私たち日本人が思いもよらぬ場所やモノに価値を見出すのです。

ここで面白いデータを紹介しましょう。

旅行情報コンテンツとして世界最大の閲覧数を誇る「トリップアドバイザー」（https://www.tripadvisor.jp/）では、毎年「外国人に人気の日本の観光スポット」を発表しており、今年で10年目になります。

２０１８年のランキングによると、１位は5年連続で京都の「伏見稲荷大社」。初登場として京都府の「平等院」と「三千院」、そして東京都の「根津美術館」がランクインしました。

このようにエンターテイメント施設が支持された昨年とは一転し、本年は緑豊かで癒されるスポットが、外国人観光客から人気を集めています。

そして14位には、東京都新宿区にある「サムライ ミュージアム」に、愛知県名古屋市のトヨタ産業技術記念館が23位にランクインされており、長く日本に暮らしている私ですら足を運んだこともない観光スポットが、外国人旅行者からは支持されていることがわかります。

旅好きが選ぶ！外国人に人気の日本の観光スポット ランキング 2018

【外国人に人気の日本の観光スポット 2018 トップ 30】※カッコ内は昨年順位、「初」はランキング初登場の意

順位	観光スポット名	所在地	順位	観光スポット名	所在地
1 位 (1)	伏見稲荷大社	京都府京都市	16 位 (-)	浅草寺	東京都台東区
2 位 (3)	広島平和記念資料館(原爆ドーム、広島平和記念公園)	広島県広島市	17 位 (-)	日光東照宮	栃木県日光市
3 位 (4)	宮島（厳島神社）	広島県廿日市市	18 位 (-)	栗林公園	香川県高松市
4 位 (5)	東大寺	奈良県奈良市	19 位 (25)	両国国技館	東京都墨田区
5 位 (7)	新宿御苑	東京都新宿区	20 位 (12)	永観堂禅林寺	京都府京都市
6 位 (14)	兼六園	石川県金沢市	21 位 (16)	長谷寺	神奈川県鎌倉市
7 位 (10)	高野山（奥之院）	和歌山県高野町	22 位 (-)	東京都庁舎	東京都新宿区
8 位 (8)	金閣寺	京都府京都市	23 位 (-)	トヨタ産業技術記念館	愛知県名古屋市
9 位 (9)	箱根彫刻の森美術館	神奈川県箱根町	24 位 (-)	白川郷合掌造り集落	岐阜県白川村
10 位 (13)	姫路城	兵庫県姫路市	25 位 (29)	京都駅ビル	京都府京都市
11 位 (30)	三十三間堂	京都府京都市	26 位 (-)	立山黒部アルペンルート	富山県立山町
12 位 (11)	奈良公園	奈良県奈良市	27 位 「初」	平等院	京都府宇治市
13 位 (26)	成田山 新勝寺	千葉県成田市	28 位 「初」	根津美術館	東京都港区
14 位 (-)	サムライミュージアム	東京都新宿区	29 位 (-)	地獄谷野猿公苑	長野県山ノ内町
15 位 (-)	白谷雲水峡	鹿児島県屋久島町	30 位 「初」	三千院	京都府京都市

出典　トリップアドバイザー
「旅好きが選ぶ！　外国人に人気の日本の観光スポット ランキング 2018」
https://tg.tripadvisor.jp/news/ranking/best-inbound-attractions/

これらの旅の様子を彼らがYouTubeやFacebookといったSNSへアップすることで、また新たな外国人旅行者が「おもしろそうだ、行ってみよう！」と旅の計画を立てるのです。

その結果、外国人だけでなく私たち日本人ですらガイドブックを頼って旅に出ることもなくなりました。

もはやこれは行政主導の観光政策ではなく、民間レベルで地域が活性化しているわけで、今後も何がヒットするのかわかりません。

つまり全国どこでも、同じように新しい観光スポットに成りうるチャンスがあるのです。

ファミリー・グループで泊まれる部屋が足りない！

私が「旅館アパート」に求めているのは、お風呂やトイレ、洗面所にキッチンといった水回りなどアパートの基本的な機能を備えたものです。

とりわけ「親の家」を活用する発想からいえば、一戸建ての広さがそのまま有利に作用します。

皆さんも想像してみてください。

温泉旅館などは例外ですが、ホテルはどこもツインかシングルが基本です。まして外国人向けのゲストハウスにいたっては、2段ベッド式で一部屋に10人近くも宿泊させる施設があります。

もちろん狭い部屋でも2段ベッドにすれば、効率良く宿泊数を増やせますから収益性は上がるでしょう。

アパート運営で例えると、一世帯を広々とした間取りにするよりも、狭小のワンルームにして部屋数を増やした方が利回りも上がる・・・それと同じ発想です。

これは宿であろうが賃貸住宅でも同じ商売です。1円でも多くの収益を上げるための努力をすることは間違っていません。

ただし、あえて私はそれと逆行することで差別化を図っています。古い家、もしくは「親の家」を活用するだけで、収益をそこまで追い求めなくても広々とした住空間が提供できるのですから。

わざわざその広い住空間を細かく割って貸すのではなく、そのままグループ客を迎え入れるのです。

早い話が貸別荘のような業態で、これを欧米では「ホリデーハウス」と称しており、家族旅行などで利用されるニーズが昔からあります。

ホテル一部屋につき、ベッド数が少ないのは万国共通です。

とりわけ海外から訪れるグループ旅行の需要については、アジア人の家族旅行で根強いニーズがあります。

欧米人と比較しても、韓国・中国・台湾・タイといったアジアの人たちは1～2人旅行より、家族で来日するケースが圧倒的に多いのです。

このグループをターゲットとすることにより、家族水入らずで楽しく過ごしたい旅行者からは喜ばれます。また投資家サイドからしても、わざわざ部屋の間取りを変更したり、水回りを増やすような出費を回避できます。

そのままの家が活かせられるのですから、あくまでも設備だけを交換すればいいのです。

宿泊人数の問題で、トイレや洗面所を増やさなければいけなくなる場合があるかもしれませんが、基本的にはその範囲で収まります。

ともあれ大きな手間をかけず、既存のものを活かすことができますし、もし建物が古いようであれば建て替えることもできます。

新築の場合でも、戸数を絞って広めの部屋をつくることで競争力を持つため、コストをかけて水回りを多くつくらずとも高稼働につながります。

このようにニーズの面だけに止まらず、収益性からもグループ客向けゆえの勝算があるのです。

スマホだけで世界を旅できる時代

よく皆さんが抱かれている不安や懸念事項に、「外国人・・・とくにアジアの旅行者はマナーが悪いのでは？」というものがあります。

たしかに一時期は中国人旅行客のマナーの悪さがマスコミで多く取り上げられ問題になったのは事実です。

しかし、それらは団体旅行で起こっていますし、同じことは私たち日本人にも当てはまるのではないでしょうか。

かつての日本人も団体ツアーでのマナーの悪さ、とりわけバブル全盛期においては今の中国人の爆買いツアー同様に、海外ブランドを買い漁った過去があります。

それがお仕着せの団体ツアーから、個人で好きなように観光のできるフリーツアーへと進化を遂げたのです。

それこそエアチケットから宿泊するホテルまで手配する個人旅行も一般的になりました。

現代はスマホがあれば、世界中の情報を得ることができ、旅行の手配もすべて手の平で行えます。つくづく便利な時代になったものだと痛感します。

そのように旅行を楽しむ文化が成熟し、日本人のマナーも向上しました。

もちろん国民性もありますが、大人しいと評される日本人にしても元から優等生であったわけではないのです。


これと同じことがアジアの国々でも起こっています。

極東の島国である日本の、それも私たちが名前すら知らない田舎までわざわざ個人旅行でやって来るのですから、よほど好奇心の旺盛な人たちに違いありません。

それを実行するためには、自らインターネットで宿泊施設も調べられる情報収集力や計画性が求められます。しかもガイド付きのツアーではなく、自分たちの望むところへ自由に行ける行動力もあります。

それゆえに事前の案内があれば、それを読むでしょうし、ハウスルールと呼ばれる「旅館アパート」の規約にも従います。

まったく問題が起こらないとは言い切れませんが、少なくともそれは誤解から生じるものが大半でしょう。

私たち日本人にしても「モンスター◯◯」と呼ばれるクレーマーは一定数いるのですから、これについては外国人も日本人もありません。しいて個人的な感想をいえば、日本人の方が神経質で完璧を求める傾向にあります。

それに比べ、外国人は大らかな人が多いように感じますから恐れることは何もありません。

なにより、個人の手配で海外旅行へ出かけられるご家族です。

そして日本以上に貧富の格差があるアジアの国々では中流以上の暮らしを営まれている人たちです。言い換えれば、本当に上得意のお客様に間違いありません。

「宿をはじめる！」なんて宣言するとハードルが高いように感じられますが、実際は賃貸住宅としても使える建物を「宿」として活用するやり方ですから、そこまでのリスクは伴いません。

大家さんは年齢を重ねてもできるビジネスですが、外注するスタイルを築くことにより、これまでの大家さんと同等の労力で「旅館アパート投資」をすることは可能なのです。

コラム

旅館業として正式な営業許可を取る「旅館アパート」

私が提案している「旅館アパート」は、アパートや戸建てといった一般の住宅を使うことから「民泊」と混同されるケースが多いです。

今でこそ法令化されましたが、これまでは違法民泊が多くトラブルが続出していました。ただし、私の場合は法令化以前から合法で行っていました。

具体的にいえば、各々の自治体から「旅館業」としての正式な営業許可を受けています。

旅館業の定義に、「宿泊料を受けて人を宿泊させる営業」とありますが、「宿泊」とは、「寝具を使用して施設を利用すること」です。

旅館業は「人を宿泊させる」業態であり、アパートや間借り部屋など生活の本拠を置くような場合なら、これは貸室業・貸家業であって旅館業には含まれません。

また、旅館業は「宿泊料を受けること」が要件となっています。宿泊料を徴収しない場合は、旅館業法の適用が受けられません。

宿泊料はその名目のいかんを問わず、実質的に寝具や部屋の使用料とみなされるものが含まれます。たとえば休憩料はもちろんのこと、寝具の賃貸料や、そのクリーニング代もそうですし、光熱水道費や室内清掃費も宿泊料とみなされるのです。

そもそも旅館業法は、厚生労働省の管轄で以下の種類が設けられています。

旅館業の種類

・ホテル営業

洋式の構造、及び設備を主とする施設を設けてする営業。

・旅館営業

和式の構造、及び設備を主とする施設を設けてする営業。いわゆる駅前旅館・温泉旅館・観光旅館の他、割烹旅館が含まれる。民宿も該当することがある。

・簡易宿所営業
宿泊する場所を多数人で共用する構造、及び設備を設けてする営業。民宿・ペンション・山小屋・スキー小屋・ユースホステルの他、カプセルホテルが該当。
・下宿営業
1カ月以上の期間を単位として宿泊させる営業。


私が「旅館アパート投資」で取得をオススメする旅館、簡易宿所営業は大規模な施設ではなく、ごく普通の戸建てやアパートでもはじめられるのが特徴です。

営業許可を得るには自治体が定めている要件を満たし、保健所や消防署の検査を受ける必要があります。

それでも、訪日外国人の急増による圧倒的なホテル不足と、それに反して全国的に増加する空き家を有効活用する観点から、簡易宿所の営業許可を取得しやすいよう、旅館業法の運用緩和（旅館業法施行令の一部改正）を行っており、従来よりも許可が取りやすくなっています。

第2章

親の遺した財産で一家が地獄に堕ちる！

「親の資産」をめぐる相続は、ある日突然やってきます。

父の遺した財産が原因で、家族が大変な目に遭ったのです。

第2章では、私が実際に経験した相続争いについてお話しします。

皆さんも「うちには相続税は関係ない」という都合の良い思い込みは捨ててください。

私自身、まさか自分の身にこんな災いが降りかかってくるとは想像もしていませんでした。

私と同じ苦しみを味わう方を一人でも少なくするため、身内の恥をさらします。

自分自身も同じ過ちを犯し、息子たちを苦しめないよう、今のうちから知恵を絞って具体的な工夫をしています。

そうでなければ予想もしていなかった相続トラブルが発生し、家族の幸せや大切な資産を失うことになりかねません。

いきなりすぎる父親の死

静岡で大工をしていた父は、戦後まもなく上京しました。後に独立し、世田谷で工務店を開業します。

幸い、手堅く事業をして良い建築をし、お客様からの信頼を得たおかげで、工務店経営は順調でした。

父は借金がとても嫌いだったため、工務店としては珍しく全て自己資金で経営していました。工場や倉庫、自宅まで無担保、無借金で建てたのです。

その父が2002年に突然の心不全で亡くなり（享年76歳）、事態は急変してしまいます。

父親が死後の準備を何もしておらず、親族との相続争いや国税局の3カ月にわたる調査を経験することになったのです。

自分の家族、それに母や姉にマグマのごとく、予想もしていなかった災難が降りかかってきたあのときのことを、今でも鮮明に覚えています。


父の死は家族にも、そして本人にとっても意外なものでした。

なぜなら父は死んだ日の午前中に、会社の顧問税理士へ腕立て伏せを見せつけていたくらいだからです。

本当に突然の死であり、全く予期せぬことでした。

父は孤児から裸一貫で工務店を興した人物です。超が付くくらいのワンマンぶりで、従業員や家族に対しても独裁者でした。

幼少から苦労をしてきたので、お金しか信じていませんでしたし、家族が相続対策について意見をしようものなら、直ちに怒りだし「俺の金は俺が墓場まで持っていく！」と言い出すしまつでした。

ただし、父の名誉のために付け加えると、孤児だったぶん、父なりの表現で家族を大事にしていたのだと思います。

父の死後、相続が発生したのは母、兄、姉、そして次男の私で、配偶者一人と子ども三人でした。

初七日が終わった夜、父の車庫の奥にある金庫室へ家族で入ったのですが、金庫を開けてみると、なんと現金が2億6000万円もありました。

それも聖徳太子などの旧紙幣も混ざっているではありませんか。

冗談のようですが、兄弟三人でお金を勘定して最終的に確認できたのが朝の7時を過ぎていました。

メインバンクであった北海道拓殖銀行がつぶれたとき、下ろしたお金を金庫に入れていたようです。

とりあえず、これを4等分にして、「どっこん水」というミネラルウォーターの箱に入れて各人が自宅に持ち帰ることにしました。

しかし家族会議で「やはり、きちんと銀行に入れよう」と決まり、母親名義で貯金したのですが、これが結果的に国税局から目をつけられることになるのです。

その後、相続の目録書を某信託銀行へ依頼しました。

費用は500万円もかかるとのことでしたが、公正で良いと思い依頼しました。

ところが、これは捨て金になります（その時には知りませんでしたが）。

当時の私たちは、父の遺した財産をどうすればいいのか全くわかりませんでした。

そこで、父の工務店の顧問税理士に相続関係を依頼しました。その顧問税理士はこれまで、相続案件に関わったことがないということでしたが、そのときは深く考えなかったのです。

今なら当然このような税理士ではなく、不動産や相続に強い税理士へ依頼すると思います。

やはり、無知は罪です。

今、考えてみると、ここで適切な行動をとっておけば、その後の混乱は避けられたことでしょう。

国税の調査が入る！

そんなある日、国税局から「調査に入る」という連絡がきました。指定された日には「相続人が全員揃うように」とのことでしたが、あくまで任意の調査だというのです。

当日に現れたのは7人もの国税調査官でした。リーダーは挨拶もそこそこに調査の理由を告げました。聞くと、事前に3カ月も前からこの件について調べていたとのことです。正直びっくりしましたが、こちらとしては言われるがまま従うしかありません。いわゆる、まな板の鯉状態でした。

私たち家族はいろいろな質問を別々に受けます。

こちらは一人ずつで、国税側は二人一組でした。

一人が質問し、もう一人がこちらの表情を凝視するといった具合です。質問者は、国税側の二人がランダムに変わります。

ただ、これは本当に感じたことですが、ときおり冗談も交えて質問するものの、彼らの目がまったく笑っていないのです。


徹底した調査のあと、しっかりと追徴金をとられました。

当時の顧問税理士はほとんど役に立たなかったのです。

今も調査員の忘れられない言葉が3つあります。


「ある日突然、2億6000万円もの現金が銀行に現れたのです。私たちはこの10倍はあると考えています」

「信託銀行の相続財産目録を、私たちは全く信じていません。何故なら、それは

あなたたちが信託銀行に報告した数字ですからね」（500万円が捨て金になった理由）

「川崎の銀行にてB発見」（Bとは貸金庫のことです）

あれから16年の歳月が経とうとしています。

もしも今、あのときと同じ事態になれば、過ちは防げたであろうと思っています。

誤解のないように言っておきますが、決して脱税ではありません。節税と、その後の資産構築について、もっといい手立てがあったという意味です。

不確かで変化の速い時代です。

孫子の代まできっちりと財産を残すのが、相続を受けた者や相続財産を遺した者の使命であると思います。

父も私たち家族も無知が原因で、その使命を十分に果たすことができなかったのです。

身内が敵に・・・相続争い

相続税だけでなく、納税の前後にお金を取り巻く様々な問題が起きました。

新聞や雑誌、テレビドラマなどでも相続争いの醜さは目にしたことがありますが、まさか自分にも起こるとは考えていませんでした。

父親が生きているうちに、しっかりと相続の問題について話し合っておけば、トラブルは防げたのかもしれません。

しかし、日本人の感性では、それもなかなか難しいのが現実です。

私もそうでした。

父にお金のことを話せば、「俺の金をあてにしているのか！」と激怒されるのが関の山です。

実は、私はバブル時代に株式投資で借金をつくり、父に迷惑をかけたことがある身でした。そんな自分が、お金の話を自分から切り出すことなど不可能でもありました。

父の死後、工務店を継いだ長男の動きに妙な気配が感じられました。

最初は大して気にも留めませんでしたが、相続の協議が始まるや変化が激しくなっていったのです。

父には現金以外に、土地やアパートなどの資産もありました。

その分割協議については、母、長男、姉、私で話し合い、長男が書類を作成することになったのです。

ところが、一夜明けるとその協議案がひっくりかえります。

まとめるのに数日かけた分割協議の内容を書類にするたび、翌朝は長男に反故にされる・・・その繰り返しでした。

A案、B案、C案、D案、E案までいきましたが、話はまとまりません。

最後までもめたのは父の創った工務店の株の件でした。

この工務店は父と母が40年かけて創ったものです。無借金だった上、運転資金として1億円の現金もありました。

私と姉は株を放棄することには同意していましたが、持ち分を母と長男で50%ずつにするように条件を出しました。

すると、長男は烈火のごとく怒り、「裁判する！」と言い出しました。

とはいえ、裁判すれば分が悪いこともわかっているため、とにかく、「株をくれ！」の一点張りです。

母が最後には折れて、すべてを長男に譲ることを決意しました。

慌てた私は母にこうアドバイスしています。

「親父が死ぬまで経理してろと言ってたじゃないか。株を放棄すると、大株主からただの事務員になってしまうよ。そうなれば、間違いなく兄貴の嫁さんが出てくる。会社をクビにされても文句を言えないよ！」

その当時、私の姉は高校教師で、姉の旦那さんは父の工務店で職人として働いておりました。

ですから、姉夫婦は兄夫婦ともかなり近い関係にあったのです。

しかし、兄夫婦はそのあと、姉たちに対して予想もつかない行動をとったのです。

人を変えるのは「お金」

ようやく分割協議書に皆がサインしたとき、長男は満面の笑みを浮かべてシャンパンまで持ち出しています。

今思えばこれが、ドロドロの相続争いのスタートの号砲でした。

その翌月末のこと、父の工務店では月末が勘定日で、その日には下請けさんたちが事務所へお金を取りにくるのが恒例でした。

午前中に下請けさんが来て、小切手やら現金で母が支払っていたのです。

昼食を食べに出かけた母が事務所へ戻ってみると、驚くべきことが起きていました。

たった一時間の昼休みの間に、母の机の中にあるべき小切手帳や現金、会社の実印がすべて消えていたのです。

長男の嫁がすべてを持っていったのです。

母が創業者から、ただの事務員になった瞬間でした。その場にいた姉と母は絶句しました。


数日後、念のために母親名義になっているアパートの契約を調べてみたところ、すでに数件の契約書が長男名義に代わっており、家賃の振込み先も長男の口座に変更されていました。

さらに、母の個人の実印と印鑑カードまで持ち去られているのには本当に驚きました。

母が父と二人三脚で創った工務店をクビになってからは、30年も顧問をしてくれていた税理士と、下請けさんのリーダー格の建築建材業者の社長が、それぞれ顧問契約解除と取引停止になりました。

理由は一連の出来事で兄に対し、正論を言い、苦言を呈したからです。

さすがに、ここからは母、姉、私も本気で戦わざるを得ませんでした。

早速、某大病院の院長であった義父から、相続争いに強い弁護士を紹介してもらいました。

そして、弁護士から不動産や相続に強い浅野和治税理士を紹介され、お二人の協力のもと、徹底的な反撃に出ました。

相続時精算課税、譲渡、不動産管理の法人化等々、ありとあらゆる考えられる限りの手段でほぼ完了しました。

当然、二次相続を視野に入れた展開もしてあります。

私たちは、これでようやく相続争いが終わったと胸をなでおろしました。

ところが、長男にとってはそうではなかったようです。その後、長男は、普通の人間なら越えてはならない一線を、あっさりと飛び越えてしまったのです。

まず、足の悪い母親が使っているホームエレベーターの電源を切り、自宅と事務所の行き来ができないようにしました。

さらに、当時姉が勤めていた私立高校の園長と校長宛に怪文書を送りつけたのです。


かくいう私には、一冊目の本を出した出版社や、アパート資金を融資してくれた金融機関、当時に私のブログやホームページへリンクしてくれていた友人、知人にまで怪文書を送りつけました。

怪文書の内容は、姉と私が共謀し、母親を騙して金を巻き上げている、といった根も葉もない作り話です。

これには弁護士さんにも苦笑されました。

「長らく弁護士をしていますが、相続争いで怪文書は初めてですよ」

この兄とは、相続をきっかけに、他人になりました。

それは母と姉も同じで、全く付き合いをやめました。

もともと少し変わったところのある兄でしたが、それでも大切な家族の一員でした。

相続をきっかけに、家族の形が変わってしまったのです。

塩漬けされた5000万円

それから月日が流れ、2011年、今度は母が亡くなりました。

父の死去に際しての騒動から、二次相続については万全に準備したつもりでした。

皆さんも公正証書できちんと遺言書を作っておけば、相続トラブルを回避できるとお考えでしょう。

公正証書遺言（民法969条）は、公証役場で公証人に作成してもらう遺言です。この遺言方法が最も確実だからです。

私の場合もそう思って準備はしていました。

母が銀行に預けている５０００万円に対しては、「１／４の法定相続で分けます」と、きちんとした公正証書遺言が作ってあったのです。


ところが、ここに落とし穴があったのです。

もし、相続でもめても公正証書遺言があれば、法務局で自分の名義に登記ができます。

もうひとつ、遺留分が必ずあります。遺留分とは残された家族への最低限の財産保証です。遺留分は時価で計算しますが、これも想定していました。

ところが、私がうかつだったのは銀行預金でした。

母の口座には５０００万円の預金がありましたが、銀行によって凍結されてしまい、預けている銀行の口座から引き出せなくなってしまいました。

銀行の資産凍結は法的根拠がないにもかかわらずです。

ここでは公正証書遺言は役に立ちませんでした。

これを母の口座から下ろすには、分割協議書へ兄の署名押印が必要になります。

しかし、どう考えてもあの兄が判子を押すとは思えません。

困り果てた私は、銀行に「他の皆さんはどうされているのですか？」と聞きました。

すると心得た方などは、自分の親が亡くなれば、すぐにぎりぎり全額に近い預金を下ろしに来るそうです。

私の場合なら、黙って引き出して、それで4分の1を兄に「はい、１２５０万円！」とあげれば済む話だったのです。

それを銀行に預けておいたばかりに資産凍結させてしまうミスを犯してしまったのです。

このような事情があることを、公正証書を作ったときに私や、私の顧問税理士さんも知りませんでした。

先に教えて欲しかったのですが、銀行は言うわけもありません。

もしも私と同じように相続のある人は現金を早く下ろしてしまった方が賢明です。母が亡くなって5年が経ちますが、まだ現金5000万円が銀行に拘束されたままで、某メガバンクに凍結されているのです。相続税も立て替えなければいけないし大変なことになります。

くり返しますが、親が亡くなったら、すぐ銀行から預金を下ろすべきです。あまり大きな声で言えることではないですが、考慮しておいてください。

終わらない兄との確執

疎遠の兄からは遺留分の請求がきていますが、その遺留分を凍結された預金から払うのが一般的じゃないでしょうか。これができないのです。

私は銀行に「いったい何が問題なのですか？」と何度も聞きました。

リスクを恐れる銀行は、分割協議書がないと、絶対に預金をおろさせません。「払い戻したければ、銀行相手に裁判を起こしてください。裁判で確定されたら払います」の一点張りで、確定しない限り「払わない」と明言したのです。要は銀行の事なかれ主義です。

法で確定されれば、たとえ何か言われても「裁判所で決まったことですから」と言い逃れができます。

以上の事情があり、私の相続分である1250万円は4年経っても手元に来ないのです。

ここで皆さんは、こう思われるかもしれませんね。

兄にしても、分割協議書に判子を押さなければ、現金が支払われません。だから目先の現金欲しさに判子を押すのではないかと。

兄の狙いは不動産資産・現金を含めてトータルの遺留分です。

現金だけを受け取ってしまっては損だと考えています。

現金は元々が法定相続で1／4ですから、それ以外のものまで要求しているわけです。

すでに現金は「1人1250万円ずつ」と公正証書遺言にありますが、それでは納得しないのです。

母が亡くなってから、すでに7年が経ちましたが、どうにもなりません。


しかし、不動産については対策済です。遺留分請求される前に、現金の入る収益不動産は、登記の変更をしてあるからです。

母のものだった物件の家賃は、登記を変更したので兄以外の兄弟に全部入るのです。名義変更をすることも、ちゃんと公正証書遺言にあります。この件については問題なく行えました。

あくまで相続時の評価に対しての遺留分なので、家賃は関係ありません。裁判で争っている間の家賃は私たちのものです。

面白くないのは兄ですが、こればかりは文句が言えません。文句を言えないから「遺留分だけ計算して俺によこせ!」となるのです。

それは想定していたことでもあります。私の弁護士には「徹底的に持久戦へ持ち込んでください!」とお願いしています。


私の体験談はまさに骨肉の争いともいえる、修羅場そのものです。

読者の皆さんは、このようにならないように、事前に対策をしてください。

相続対策に「早すぎる」はありません。


相続は一旦こじれると、取り返しがつかなくなります。

現金は本来割り切れるものですが、土地や家、アパートなど不動産は割り切れるものではありません。

兄弟にはそれぞれ配偶者がいます。その中の一人が波紋を投げかけると、このような事態になるのです。

相続は、税金だけの問題だけではないのです。

お金を前にした途端、身近な人の人間性が変わり、ドロドロの相続争いに発展する・・・。

残念ですが、このような可能性は常にあると思い、対策しておくのが大事だと私は考えています。

親御さんが元気なうちに、しっかり話し合っておけば、家族全員の明るい未来につながります。

コラム　遺言書は「公正証書遺言」で！

ひとくちに遺言書といっても、いくつか種類があります。主に次の2種類があげられます。

・自筆証書遺言　特に書式の規定のない遺言書
・公正証書遺言　法律の専門家に作成を依頼する遺言書

手軽さでいえば、故人が自筆で書く「自筆証書遺言」ですが、様式の不備で無効になる可能性も高く、偽造や書き換えによるトラブルが発生しやすいと言われています。対して「公正証書遺言」は証人2名の立ち会いが必要となり、費用もかかりますが、法律的に規定を満たした公式な書類となり安心です。

同じものを3通作成して、正本と謄本の2通を受け取ることができます。原本は公証役場に保存されるため、偽造や書き換えは起こりません。

遺言書作成の際は、少し面倒でも公正証書遺言にすることをオススメします。具体的な作成方法は巻末付録をご覧ください。

自筆証書遺言と校正証書遺言の比較

【自筆証書遺言】

● メリット

手軽に書くことができる
コストがかからない
内容を人に知られずにすむ

● デメリット

様式不備で無効になる可能性がある
偽造や書き換えなどトラブルが起きやすい
遺族に発見されない場合もある
家庭裁判所の検認が必要

【公正証書遺言】

● メリット

様式の不備で無効になる可能性が少ない
偽造・変造の危険が少ない
原本が公証役場に保存されるため安全
相続手続きがすぐ行える

● デメリット

2名以上の証人が必ず必要
内容を人に知られてしまう
コストがかかる（財産の価格を元に公証人手数料が発生）

第3章

将来の備えに役立つ「親の家」

少子高齢化の中で、私たちの〝将来への安心〟はどんどん揺らいできています。

今のままで、本当にあなたご自身と、あなたのご家族の将来は大丈夫でしょうか。

第3章では少し視点を変えて、私たちがこれから直面するであろう問題について、考えてみたいと思います。

「年金不安」「インフレ」「介護問題」

書き出しているだけで、真っ暗な袋小路にはまりこんだ気持ちになりますが、これが、私たちの立たされている現実です。

国に任せていれば安泰だったのは、団塊世代までです。その後を行く私たちは自分自身で未来を切り開いていかねばなりません。

もはや年金はあてにならない

先日、大手商社に勤めている中学時代の同級生に会いました。

私と同い年ですからまもなく59歳です。現在は子会社の部長で、最近マイホームを買ったばかり。

その彼の口から出る話題といえば、子どもの大学受験とかつて本社で手がけた仕事のこと、そしてひいきにしているプロ野球チームのことくらいです。

将来についてはあまり考えていないようでした。他人事ながら、いつ〝肩たたき〟にあうかもしれないのに、大丈夫なのか心配に思い、私が推奨する「親の家」活用法を説明したのですが、残念ながら理解してもらえなかったようです。

私たちの将来を考えれば、まず懸念があるのは年金です。

A 現役世代収入に対する年金額の比率は低下

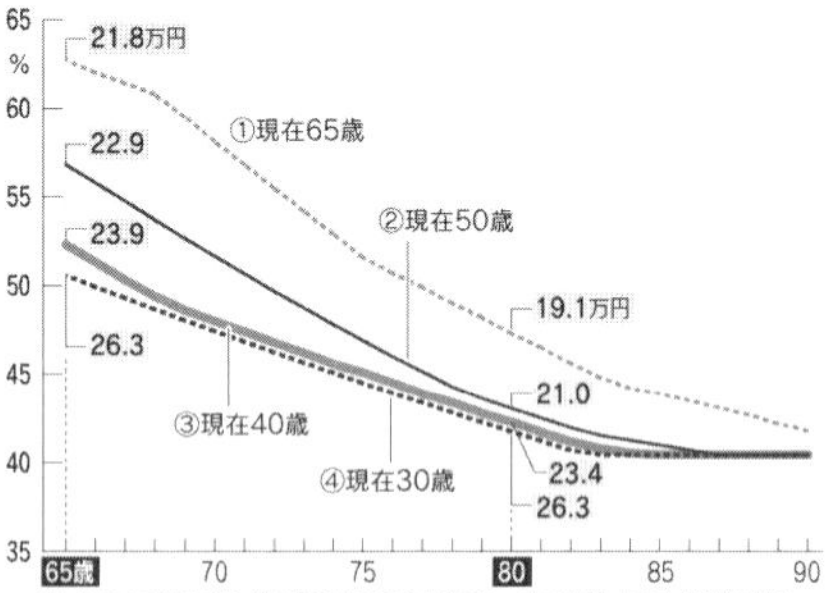

(注) 物価上昇率1.2%、賃金実質上昇率1.3%のケースで計算。モデル世帯(夫は会社員、妻は専業主婦)。年金額は物価上昇率を考慮して現在の金額に換算

※日経新聞　年金額低下の表
厚労省が公表したのは会社員のモデル世帯（妻は同年齢の専業主婦）の年金受取額。今後の経済状況により8つのシナリオを想定している。試算結果の一部をグラフAに示している（物価上昇率を年1.2%とみたケース）。
（出典：日本経済新聞）
http://www.nikkei.com/money/features/37.aspx?g=DGXZZO73658140020720140000000

もはやあてにできないことは、皆さんよくご存じのことでしょう。

厚生労働省が２０１４年６月にまとめた公的年金の長期見通し（財政検証）では、年金制度のもろさが改めて浮き彫りになりました。

年金水準は、政府が目標とする「現役会社員の収入の50％」を下回る可能性も出ているそうです。

表を見ていただければ一目瞭然ですが、年金額を大きく左右する賃金水準については、年２・５％（物価考慮後の実質ベースで１・３％）ずつ伸び続けると想定されています。

現在、30歳の世帯が65歳になった時に受け取るのは月26・3万円。今年度に65歳になる世帯が受け取る額（21・8万円）よりも多いですが、これは、年金額が賃金の伸びに大きく影響を受ける仕組みであるためです。

年金額が、その時々の現役世代の平均収入に比べてどれくらいにあたるかを示す折れ線（所得代替率）を見ると、世代にかかわらず右肩下がりになっているのがうかがえます。

国民年金の実質納付率はすでに50％以下

国民年金保険料の納付率の低下も問題です。

次の表を見てください。厚生労働省粘菌局が発表した平成25年度の「年金納付率等の推移」と「年齢階級別納付率」です。

ここから読み取れるのは、年を追うごとに年金納付率は下がり、年金納付を行っている若者が少ないということです。

国民年金は20歳から60歳までの人が全員入らなければならないのに（国民の義務！）、半分の人は保険料を払っていないのです。

これに対して厚生労働省は、国民年金（基礎年金）の加入期間を5年延長し、65歳までの45年間とする案を社会保障審議会年金部会に示し、大筋了承されました。

今年の通常国会で法改正を目指すということです。

新たに5年間に負担することになる保険料は単純計算で年18万円～20万円にもなり、支給開始年齢の引き上げ（65歳）に続いて、保険料でも大変な負担増を強いるものです。

年金で老後の生活ができるどころか、老後にも年金を払い続けなければいけない・・・それが高齢化する日本の現実です。

図３　納付率等の推移

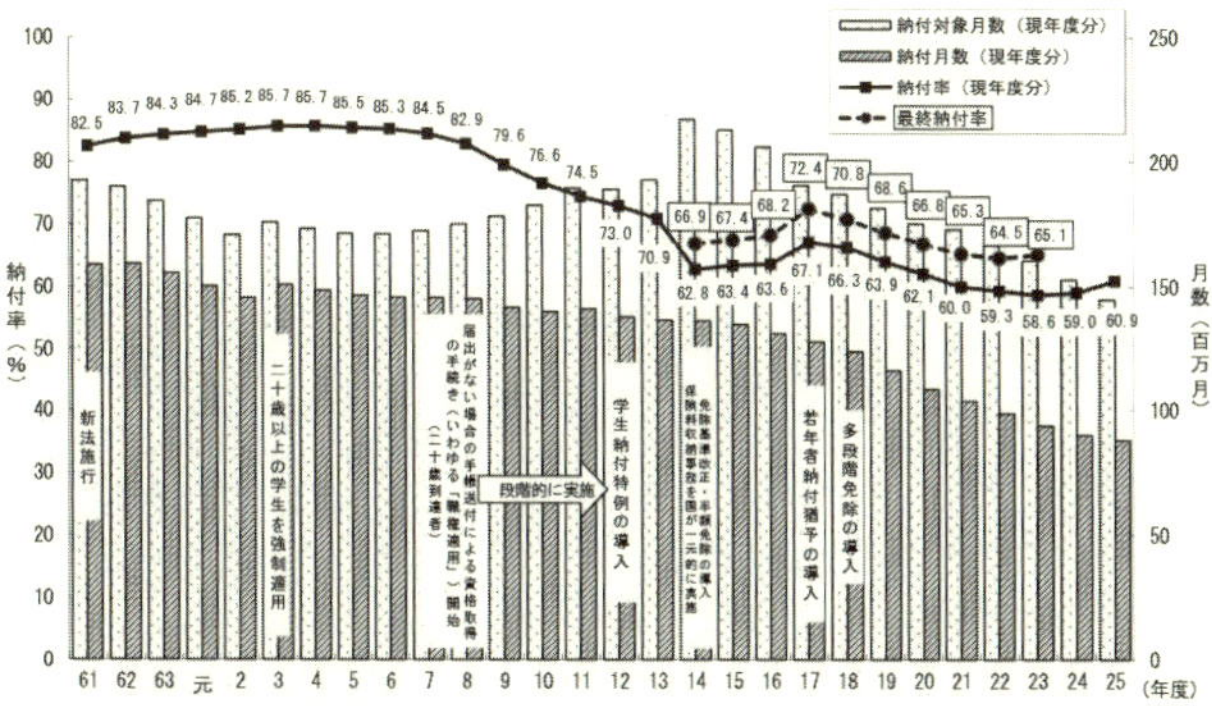

注１　納付率（％）＝ $\frac{納付月数}{納付対象月数}\times 100$

納付対象月数とは、当該年度分の保険料として納付すべき月数（全額免除月数・学生納付特例月数・若年者納付猶予月数を含まない。）であり、納付月数はそのうち当該年度中（翌年度４月末まで）に実際に納付された月数である。

注２　保険料は過去２年分の納付が可能であり、最終納付率とは、過年度に納付されたものを加えた納付率であるが、平成13年度以前については把握していない。

※平成25年　年金納付率等の推移

図４　年齢階級別納付率（現年度分）

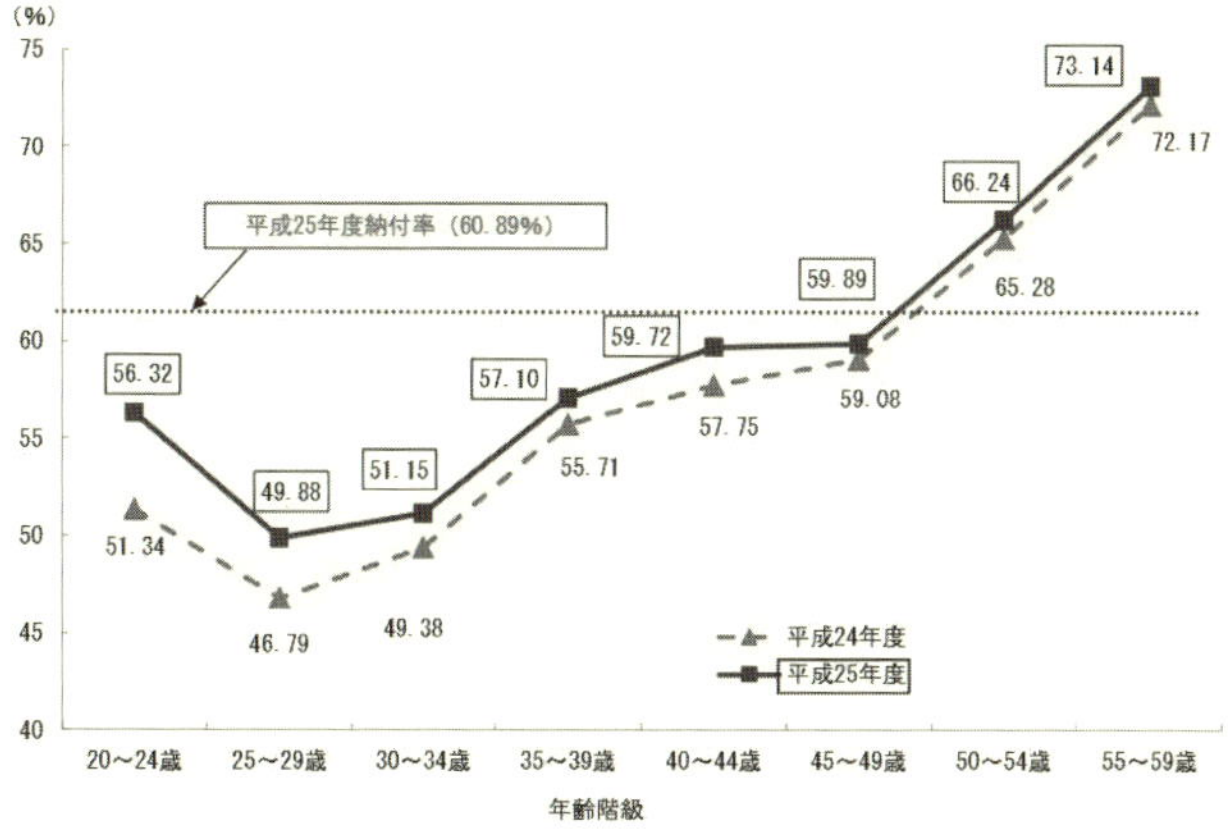

※平成25年　年齢階級別納付率
（出典：厚生労働省年金局　平成25年度の国民年金の加入・保険料納付状況）
http://www.mhlw.go.jp/topics/bukyoku/nenkin/nenkin/toukei/dl/k_h25.pdf

インフレがやってくる⁉

公的年金が当てにならないとなれば、自己防衛がますます重要になります。

今の仕事がなくなっても、自分や家族に何かあっても、老後を迎えても、安心して暮らせるだけの生活資金を私たち一人ひとりが考え、準備する必要に迫られます。

ご存知のように日本の国家財政は大赤字ですが、家計がそれ以上の金融資産を持っているため、日本全体としては金融危機が起こることもなく、長期金利もずっと低いままきていました。

また、日本の家計が保有する金融資産のうち、現金や銀行の貯金がほぼ半分を占めます。

１９９０年のバブル崩壊、また２００８年のリーマンショック後のデフレ経済では、物の値段がどんどん下がり、お金を持っていたほうが有利でした。

せっせと貯蓄に励んできた家計は、これまで「勝ち組」だったのです。

しかし、インフレになれば話は逆転します。

物の値段が継続的に上がるので、結果的に貨幣の価値が下がり、せっかくの貯蓄も目減りしてしまいます。

アベノミクスでは、日銀と共に政策的にインフレターゲットを2％に設定することとしていました。


一方で財政危機を指摘する専門家もいます。

一説によれば、ハイパーインフレ、円暴落が近づいているとも言われています。

もちろん、今すぐかつてのオイルショック（1973年と1979年に始まりピークは1980年）のような事態になるとは考えにくいのですが、私たち日本人は長らく超低金利とデフレ（物価の下落）に慣れ過ぎたきらいがありますから、油断は禁物です。

たしかに中長期的に見れば、むしろインフレの方向に進む要因のほうが多いのです。

日本は少子高齢化に突入し、経済は成熟期に入っています。

この先、大きな成長は無理でしょう。

かつての「経済大国」は次第にパワーダウンしていき、その結果、世界の中で円の力も相対的に下がっていきます。

現在、急激に円安が進んでいます。

他の通貨に対して円の価値が下がれば、輸入品の値上がりにつながり、これも国内での物価上昇へとつながります。


さらに、日本は先進国最悪の財政赤字を抱えています。2014年度の一般会計予算（国の基本的な収支計画）は全体で95・9兆円ですが、このうち収入に占める税金の割合は3分の2ほどしかなく、3割は国債などの借金で賄っています。

借入金や政府短期証券を含む日本全体の債務は1000兆円を超えました。

2025年問題、親の介護を念頭に置いて資金準備

我々の世代はもちろん、もっと若い世代にとっても、将来の不安ということでは、介護の問題も忘れるわけにはいきません。

とくに団塊世代の高齢化による2025年問題がささやかれています。団塊世代とは、第二次世界大戦が終わった後の1947年から1949年までに生まれたベビーブーム世代のことで、約800万人もの人たちがいます。

人数が多いということは社会的な影響力も大きく、これまでいろいろな社会トレンドを生み出してきました。

この団塊世代はまず、今年、2015年に65歳以上、前期高齢者になります。これは2025年問題前の「2015年問題」ともいわれています。この後2025年に向け、急速に高齢化が進んでいきます。

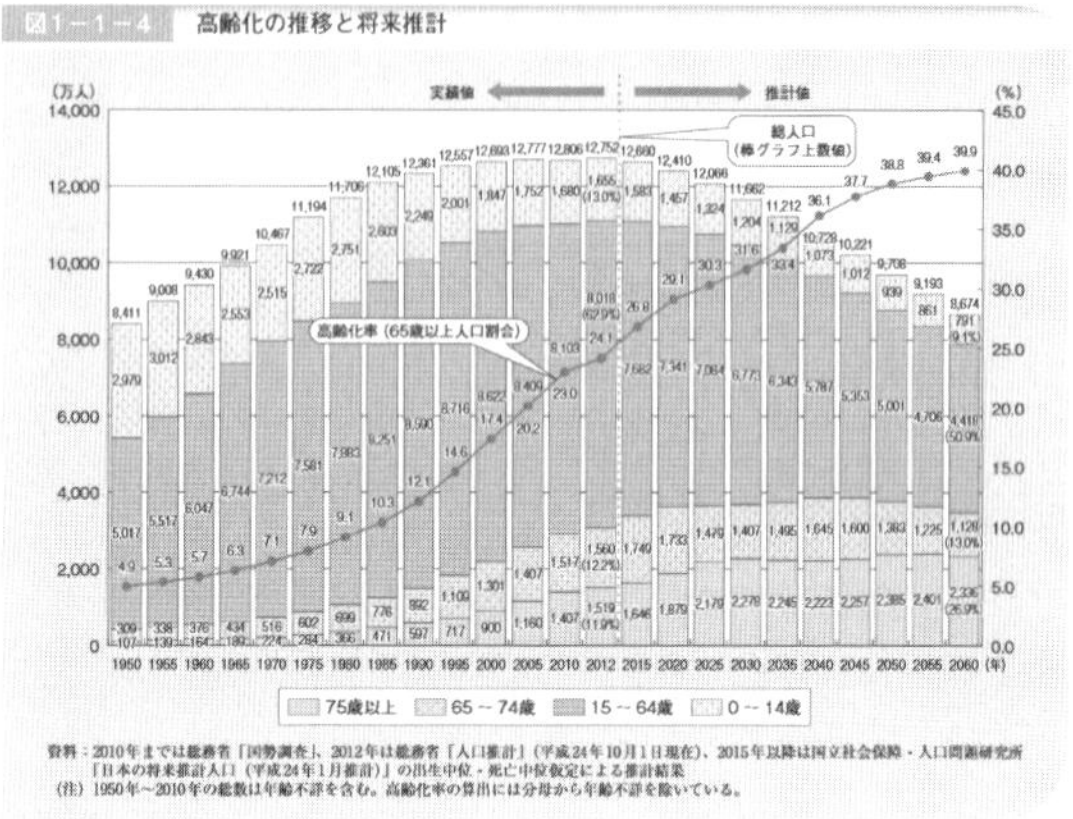

※高齢化の推移と将来推計
（出典：内閣府　平成25年版　高齢社会白書）
http://www8.cao.go.jp/kourei/whitepaper/w-2013/zenbun/25pdf_index.html

２０２５年になれば、団塊の世代が75歳以上となります。75歳以上は「後期高齢者」と呼ばれ、心身の機能が衰えてきて、介護が必要になる時期に入ります。

人口の推移でいえば、２０１０年に11・1％だった75歳以上人口の割合は、２０２５年には18・1％に上昇します。

２０１５年、75歳以上人口は２２００万人超で高止まりして、現役世代（15〜64歳）が減少していきます。

このため、２０１０年には現役世代5・8人で75歳以上1人を支えていたのが、２０２５年には3・3人、２０６０年になれば1・9人で支えることが予測されています。

世界で最も少子高齢化が進んでいる日本は、間違いなく「介護大国」になるのです。

「介護貧乏」にならないために

一方で、介護に従事する人の数は、逆に減っていくのではないかといわれています。

もともと人口減少に伴い、労働力人口が減っていきます。

働き手が少なくなれば、人手の奪い合いになります。

現段階では、介護の仕事は必ずしも働きやすいものではなく、給与水準もそんなに高くありません。

外国人の介護従事者を招くという方法もありますが、介護に従事する人がそんなに増えるとは考えられません。

そうすると、団塊世代の親を持つ、いわゆる団塊ジュニアを中心に、これから多くの人が「親の介護」という問題に直面することになるでしょう。

現在、40代半ばになった団塊ジュニアは両親に比べると兄弟姉妹の数が少なく、一人っ子も多いはずです。

また、独身率が高く、いずれ結婚する人もいるでしょうが、独身のままというケースも少なくないと思われます。

さらに、結婚した人も共働きが増えており、かつてのように専業主婦の妻が、夫の親の面倒を見るということも難しくなります。

いざというとき、経済的な余裕があれば、仕事を休んで在宅で面倒を見たり、あるいは自費にはなりますが、手厚い介護が受けられる有料老人ホームなどを利用したり、選択肢はいろいろあるでしょう。

一番悲惨なのは、経済的な余裕がないので人に頼むことができず、そのため自分は仕事を続けられなくなり、収入が減って自分の生活自体が苦しくなる「介護貧乏」です。

とにかく、介護にはお金がかかります。

介護保険のサービスを利用するにしても、利用者は1割を負担しなければなりません。

親が入院したり、別居していたりする場合は、交通費もかかります。

いざとなってから慌てるのではなく、あらかじめ準備しておくに越したことはありません。

世の中「金」ばかりではありませんが、金銭的な余裕があれば、大抵の問題は解決するのも事実です。

何もないのであればともかく、親から引き継ぐ資産があるならば、有効活用しないのは、ご自身だけでなく、あなたのお子さん、親御さんにも不利な結果をもたらすことになりかねません。

私は相続において「無知の罪」を自覚しましたが、読者の皆さんは決して同じ轍を踏まないようにしてください。

コラム

老後資金はいつから必要なのか?

老後資金については、よく「1億円は必要!」などと言われていますが、実際に老後資金を使いはじめるのは、いつからなのでしょうか。

経済的な側面から見て、公的年金や退職金以外に準備した資金を生活費として使いはじめる年齢を「老後生活の開始時期」とした場合、何歳頃からと考えているのか、もしくは何歳頃からだったのか、公園財団法人「生命保険文化センター」の調査したところ、平均64・6歳という結果がでました。

老後資金を使いはじめる年齢の分布では「65歳」が41・0%と最も多く、次いで「60歳」「70歳」の順となっています。

これまで2000年に60歳から65歳に引き上げられ、2004年には受給額2割カットと保険料3割アップが行われました。

■ 老後資金の使用開始年齢

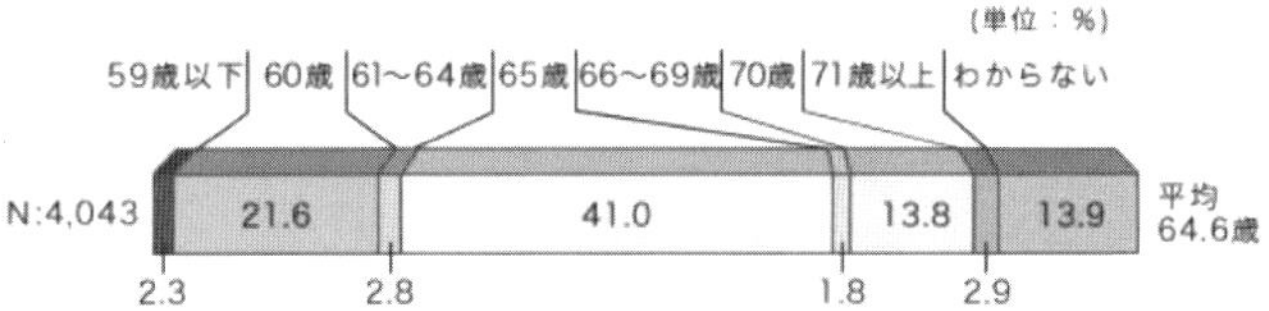

＜生命保険文化センター「生活保障に関する調査」／平成25年度＞

（出典：生命保険文化センター 「生活保障に関する調査」／平成25年度）
http://www.jili.or.jp/index.html

そして、これから「受給開始年齢」の再引き上げ計画も本格的に始動する気配です。国頼みではいられないのが私たちの世代です。真剣に老後資金について考えなくてはいけません。

第4章

「親の家」でお金を産むという発想

第4章では相続した、もしくは相続する予定の不動産をどのように活用したらよいかの提案です。「親の家」の活用法で代表的なものはアパートなどを建て、家賃収入を得る資産運用です。

とはいえ「親の家」でお金を稼ぐという発想に抵抗をもつ人も多いと思います。建て替えや修繕で新たな借金を抱えるため、リスクが大きいのではないか？　売った方が得なのではないか？

そもそも自分の親を説得することができないなど、理由はいろいろあることでしょう。

しかし何もしないで、固定資産税だけを払い続ける土地は、資産ではなく、いわゆる負債と同じです。土地から収益を上げてこそ資産として価値が高まるのです。

本章では、「親の家」活用法が、いかにそのまま住み続ける場合や売ってしまう場合よりも、お金を産み出せるのかを証明していきたいと思います。

「親の家」活用法は非常に安定した投資

「親の家」をアパートにするとして、建築費はどれくらいかかるのか、賃料はどれくらい入るのか、そして自分たちが住むところの住居費はどうするのか・・・まずはお金の損得勘定が気になります。

そこで、ひとつシミュレーションをしてみましょう。

大家として私がホームグラウンドにしているのは東京の世田谷・目黒です。このあたりは首都圏でも若い世代に人気があり、いろいろな調査でも常に「住みたいエリア」の上位にランキングされます。

たとえばここに一戸建ての「親の家」があるとして、次の3つを検討してみましょう。

(1) 自宅として住み続ける

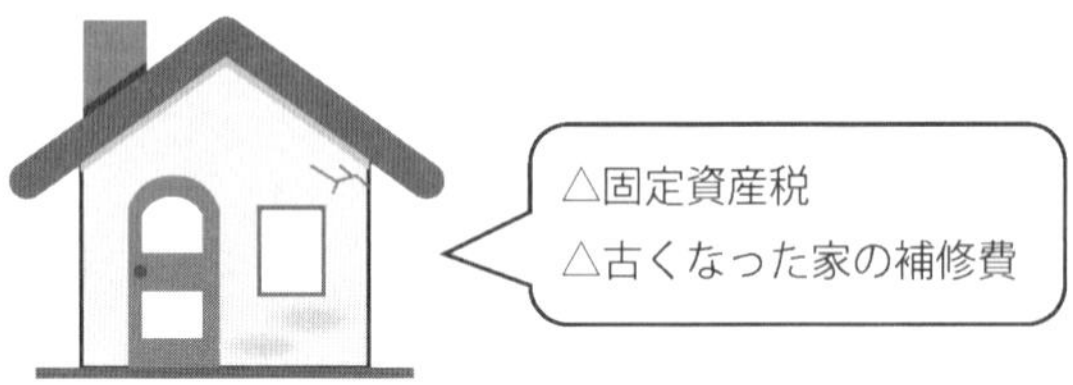

(2) アパート／旅館アパートを建てる

(3) 賃貸併用住宅を建てる

（1）そのまま自宅として住み続けるケース
（2）アパート・旅館アパートを建てて自分たちは賃貸マンションに住むケース
（3）賃貸併用住宅を建てるケース
それぞれのメリット・デメリットも考えながら、解説していきましょう。

（1）そのまま自宅として住み続けるケース

まず、両親が自宅にそのまま住むケースです。都心の家であればせっかくの人気エリアなのにお金を産むこともなく、むしろ、高い固定資産税の負担が続きます。地方や郊外であれば、2人暮らしなのに必要以上に広い部屋や庭を維持するのも一苦労です。古くなった家の補修費などにも出費がかさみます。

（2）アパート・旅館アパートを建てて自分たちは賃貸マンションに住むケース

一方、アパートもしくは旅館アパートを建て、親は賃貸マンションに住むケースはどうでしょうか。

具体的に数字をあげて計算してみましょう。

【事例】アパート建築費4200万円　諸費用420万円

家賃10万円×6部屋（1部屋33㎡）

資金計画

自己資金0円（全額借入）

アパートローン4620万円（建築費＋諸費用）

25年返済、元利均等、3・0％

毎月返済額21万9085円（年間返済額262万9020円）

アパートからの収入

賃料月60万円×12ヶ月×0・9（空室率10％）＝648万円

アパートの建築費が仮に4200万円かかるとして、融資期間25年で全額ローンで賄うと、返済額は年間約263万円です。

しかし33㎡の広さのあるアパートなら1室月額10万円で貸せます。10％の空室率を見込んでも、年間で648万円の収入になる計算です。

これなら月額15万円の賃貸マンションに住んでも、年間150万円以上が手元に残ります。

さらに、ローンは25年後に返し終わるので、その後は400万円以上が手元に残るのです。

旅館アパートであれば立地条件や消防設備等の条件がありますが、月額50万円程度が見込めます。

（3）賃貸併用住宅を建てるケース

最後に賃貸併用住宅を建てるケースです。アパートとして貸す部屋は減りますが、従来の自宅の場所にローンのない新しい自宅ができます。

【事例】賃貸併用住宅建築費4200万円　諸費用429万円
家賃10万円×3部屋（1部屋33㎡）

資金計画
自己資金0円（全額借入）
アパートローン4620万円（建築費＋諸費用）
25年返済、元利均等、3・0％
毎月返済額21万9085円（年間返済額262万9020円）

アパートからの収入

賃料月30万円×12ヶ月×0・9（空室率10％）＝324万円

この場合、ローン返済中は毎年約5万円が残り、ローンが終われば毎月30万円の収益になる計算です。

新築の家に住めて、少ないですがお小遣いが入る・・・、そんな夢のような活用法なのです。

（2）同様に条件を満たせば旅館アパート併用も可能で、より多くの収益が見込めます。

ご自身の将来を考えて、バリアフリーの自宅を建てられるのも良いでしょう。

このように、自宅の土地が持つ潜在的な収益力を引き出せば、"貸す"方がずっと得なのです。

賃貸住宅を新築することにより、最終的には手元にかなりのお金が残り、親の介護費用はもちろん、ご自身の老後資金などにあてることができます。

最後に、本書冒頭の第1章でお伝えしました、「旅館アパート」を検討するのであれば、（1）から（3）まですべてに可能性が広がります。

（1）そのまま自宅として住み続けるケース

自宅を「旅館アパート」にリフォームすることで、旅館併用の自宅となります。その家の現状によって条件は変わりますが、例えば、二世帯住宅や店舗付住宅といったご自宅であれば理想的です。住みながら「旅館アパート投資」を行うことができます。

（2）旅館アパートを建てて、自分たちは賃貸マンションに住むケース

簡易宿所の営業許可を取得した旅館アパートであれば、新築アパートに比べて、より大きな収益を生む可能性があります。

（3）旅館アパート併用住宅を建てるケース

中古の旅館アパート併用住宅が（1）としたら、（3）は新たに旅館アパート併用住宅を建て替えるというケースです。

基本的にはアパートも「旅館アパート」も同じですが、外国人旅行客をターゲットにすることで、収益性に対して可能性が大きく広がります。コストはさして変わらないので、アパートと「旅館アパート」の両方を狙って建てたらいいでしょう。

いずれにしても、旅館にするためには簡易宿所営業の許可を取得しなくてはなりません。国の定める条件を満たす必要があり、「どの家であっても旅館にできる」ということではないため、その家によってベストな活用方法を選択します。

「売る」より「貸す」がお得

私の元へ相談にいらっしゃる方の中には、「親の家」を相続しておきながら売ってしまった人もいます。

相続税を払うためにというより、維持していくのが難しいとか、現金に換えて相続人の間で分割するためというケースが多いようです。

たしかに賃貸需要がないような地方であったり、駅から遠い不便な立地であれば、資産を売却して組み変える決断も必要です。

ところが、ある会員さんは、一等地にあった「親の家」を、相続を機に売却してしまったのです。

兄弟でその代金を分けて億単位のお金を手にしたのは良かったのですが、それから10年あまりの間に事業の失敗や子どもの教育費などで、ほとんど使ってしまったそうです。

私には、その方のポツリと呟いた「お金って、なくなるものなんですね」という言葉が妙に耳に残りました。

たしかに不動産は簡単に消えません。

でも、お金は使い勝手がいいだけに、うかうかしていると、すぐどこかへ消えてしまうものです。


私の身内には、これと反対のケースがあります。

妻の実家は、都内のあるターミナル駅近くで明治の頃から営む老舗のパン屋でした（妻の父は医師ですが、そのご両親がパン屋を営んでいました）。

店舗の建っていた土地はほんの30坪ほど、それも借地です。

25年ほど前、ある鉄道会社が本社ビルを建てるため、その借地を売って欲しいとやってきたそうです。

提示された金額はかなりのもので、親族で分けても一人あたり数千万円ずつになりました。

親族のほとんどが「売ろう、売ろう」と浮き足立ちましたが、妻の父（義父）と叔父が強く反対し、底地を買い取った上で、その土地を管理する同族会社をつくり、鉄道会社とは等価交換の形でビルの一部フロアを取得しました。

現在は建築協力金のローン返済も終わり、テナントの家賃がすべて同族会社へ入ってきます。毎月数百万円にもなるテナント家賃は、役員報酬の形で親族に分配されているそうです。

もし、鉄道会社が借地を売ってくれといってきたとき、その通りにしていたら、今ごろどうなっていたことでしょうか。

「親の家」を有効活用する方法はいくらでもある

人それぞれ、いろいろな事情がありますから一概にはいえませんが、相続などの際だけに限らず、「親の家」（ローンのない一戸建て）をすぐに売るのは、”もったいない“と私は思います。

売ってしまうのはいつでもできます。

それで一時的に現金を得ることはできるかもしれません。

しかし、新たにお金を産んだり、資産を増やしたり、長期的に安定収入を得ることが難しくなってしまうからです。

土地さえあれば、それを担保に新しい土地を買って、不動産投資を拡大することも可能です。

1階部分を駐車場として貸すことも考えられます。

極端な話、庭にトランクルームをつくって貸し出すことすらできるでしょう。

お金を産み出す方法はいくらでも考えられるのです。

やむなく売る判断をするに至っても、その現金を使って新たな投資をすることで、「親の家」は活きることになります。

くれぐれも、ただ漫然と売却するのだけは避けてください。

ぜひ一度、親の土地を利用して、旅館アパートや賃貸併用住宅ができないか、もっとお金を産み出す方法はないものか、検討してみてください。

何度も申し上げるように、「親の家」の敷地を使うのは、もっとも賢い不動産投資だからです。

二世帯住宅よりも、他人に貸すという選択

「親の家」の活用法としては、子ども世帯との同居、つまり二世帯住宅も考えられるでしょう。

私が住んでいる世田谷でも、古くなった家が建て替えられたと思ったら、玄関が2つある二世帯住宅になっているケースも少なくありません。

最近では都心部だけでなく、地方や郊外でも見受けられる風景です。

親世帯としては、子どもと一緒に暮らすことは老後の大きな安心になるでしょう。

子ども世帯にしても、土地から購入して一戸建てを建てるのは資金的に容易ではなく、経済的なメリットがあります。

また、子どもが小さいうちなら、両親に面倒を見てもらえるという子育ての面でも助かることでしょう。

しかし、現実の二世帯住宅には、いろいろ問題がはらんでいるのです。

何より、親世帯と子ども世帯の仲が、ずっと良ければよいのですが、一旦ギクシャクし始めると、そこは親族だけに面倒です。

もともと、昔から複数の世帯が同居するスタイルはありました。

ひとつ屋根の下に、三世帯が一緒に寝起きしていたのです。

そして、テレビドラマではありませんが、そこには、〝嫁姑の争い〟が付きものでした。

それが、社会が豊かになるにつれ、建物は同じでも居住スペースが大なり小なり分離した二世帯住宅が登場します。

普及した背景には、ある程度の距離を置いて暮らすくほうが、お互いにストレスを感じないからでしょう。

つまり、世帯ごとに居住空間は分離する方向へ進んでいるのです。

ある調査によれば、最近は、二世帯住宅でも完全分離（外部行き来）や世帯間に間仕切り建具を配置したり、間仕切り建具に錠を設けたりするケースも増えているそうです。

しかも、分離度の高いほうが満足度も高いのです。

最初から貸すことを考えたほうが合理的

二世帯住宅では、いずれは親世帯の方が先に亡くなり、二世帯ではなくなります。

そうなると、空いた部分をどうするかという問題が起こります。残った世帯で利用するケースも多いようですが、２つある浴室やキッチンのどちらかは、結局使われません。

別の調査では築20年超の二世帯住宅で、すでに同居を解消した人の中に、賃貸を考えたことがある割合が約25分%でした。

そのうち約3分の2は「賃貸を考えたことはあるが、実際にはしていない」そうです。

その理由として、「そのままでは貸しにくい間取り」「賃貸リフォームを検討したが、面倒でコストが高い」といった答えが多かったそうです。

お互いの思惑がそもそもズレていたり、将来は必ず同居を解消することになったりする二世帯住宅。

それより、最初から他人に貸すことを考えて賃貸併用住宅を建てたほうが、よほど合理的だと私は思います。

同じ建物に他人と住むことへ抵抗を感じる人は、特に親世帯に多いかもしれませんが、今や都市部ではマンションが普通の居住形態です。

欧米でも、同じ建物に他人と住む共同住宅（アパート形式）は当たり前です。

建物のプラン、構造さえしっかり考えておけば、日常生活でのトラブルはほとんどないでしょう。

何より、他人に貸すことで家賃が得られます。

二世帯住宅では、子世帯から地代などをもらうことはまれで、むしろ、水道光熱費や食費の分担など、お金の関係で気を遣うようですし、生活時間の違い、交友関係や郵便物などプライバシーの問題から、無用のトラブルが発生しやすいといえます。

これからの時代、お互い変に気を遣うより、他人とドライに住んだほうがよほどストレスを感じることが少ないのではないでしょうか。

投資の拡大や、相続対策にも有利

くり返しになりますが、私が提案している「親の家」活用法は、ローンのない親の自宅（一戸建て）に「旅館アパート」や貸戸建て、賃貸併用住宅を建てるというものです。

あるいは資産の組み替えを行っても良いと考えています。

これがうまく軌道に乗れば、順次、不動産投資を拡大していくことも可能なのです。

どういうことかというと、もともとローンのない土地があり、その担保評価が高ければ、アパートを建てる建築費を全額借りても、まだ余力（担保評価の余裕分）があります。

その上、アパート事業が順調にいけば、2~3年後には銀行からまた新たな融資を受けることもできます。

その資金で土地を購入し、次の物件を建てていくのです。

現在、新築シェアハウス「かぼちゃの馬車」問題などで金融機関によるアパートローンは以前に比べてだいぶ厳しくなっています。

かつては年収500万円からチャレンジできていたものが、不動産投資ブームが過熱しトラブルが続出するなか、年収700万円で足切りというケースさえ聞こえてきます。

サラリーマンの方が不動産投資を行うには、そういう意味でも「親の家」を活用するメリットは大きいといえるでしょう。

兄弟姉妹がいる方の場合は、こうしたアパートを所有する管理会社を設立し、その株式を親や資金を出した子が持てば、将来の相続対策に役立ちます。

遺産が土地・建物だけでは分割が難しく、もめごとの原因になってしまうのです。しかし、法人化してあれば、親の株式を分割して相続し、アパートの賃料収入を会社の配当として受け取るようにできます。

かくいう私も、工務店を経営していた父が亡くなった際、母や姉と資産管理会社をつくり、その会社でアパート投資を行う形にしました。

このスタイルは本当にいろいろなメリットがありますから、ぜひ皆さんも検討してみてください。

建物利回りを考える

皆さんは「利回り」という言葉を聞いたことがあるでしょうか。

サラリーマン投資家にとってはお馴染みの投資指標で、年間家賃収入を物件購入価格（土地＋建物）で割ったものです。

この利回りが高ければ高いほど「収益性が高くて良い」ということになり、「いかに高い利回りの物件を買うか」にだけ注視するのが、サラリーマン投資家の風潮です。

私は「数字にとらわれてはいけない」と常々いっています。

というのも不動産投資家は、表面的な数字にばかりこだわっている方が多いからです。

しかし、地主の皆さんにはむしろ「しっかり数字を確認して欲しい」と思っています。

なぜなら親の家（土地）に対して、多数のメーカーから「アパートを建てましょう」「マンションを建てましょう」営業を受けると思いますが、そこで見せられる見積もりや収支のシミュレーションがあまりにもいい加減だからです。

ここで数字の説明を少しだけさせていただきますが、土地の資産を持っていない不動産投資家の場合は、利回りは土地と建物を含めて計算します。

新築の場合は8％がひとつの指標になっていまして、たとえば地方にある築古アパートでは10％を超える物件、なかには15％や20％などという物件もありますが、高利回り物件にはそれなりの理由があることがほとんどです。

たとえば「空室リスクが高い」「建物の価値がない」「滞納など問題入居者がいる」など、価格を下げて売らざるを得ない理由があるのです。

一般の投資家は土地から購入していかなければいけませんから、どうしても、この利回りにこだわるのですが、地主さんの場合で親の家を活用される場合は、

「土地ありき」の話になります。

つまり利回り計算では、年間家賃収入を建物の建築費で割ればよいのです。これを「建物利回り」といいます。

この場合は、土地の購入費がない分だけ、高い利回りが求められます。

私がサポートさせていただく物件では、首都圏で建物利回り15％から25％が多いです。

つまり、投資金額を4年から7年程度で回収できるという計算です。

しかし、アパートメーカーでは建物利回りが10％あることはまれです。6％から7％程度のことも多くて驚かされます。

これは建築費が法外に高いというのが理由です。

だいたいにおいてアパートメーカーの場合は、その土地の賃貸需要にあったプランニングをするのではなくて、その土地を担保にして融資で借りられる上限の金額に合わせたアパートをプランニングします。

サラリーマン投資家であれば、担保価値だけでなく、属性や収益性など複合的に判断されますが、土地という資産を持つ地主さんであれば、収益性が低くても土地の担保価値で融資が出てしまうのです。

収益性が低ければ、アパート経営がうまくいくはずはありません。

空室が発生すれば、すぐに持ち出しとなり、そのため後になって「こんなはずではなかった」と後悔される方も多くいらっしゃるのです。

アパートメーカーであれば、簡単に融資もついて、おまかせしているだけで新築アパートが建ちますが、その後の経営については、責任を取ってくれません。

残酷なことをいうようですが、不動産賃貸経営で失敗する可能性があるのは、不動産投資家ではなく地主大家さんです。

というのも、厳しく数字でジャッジする不動産投資家に比べて、地主大家さんの場合は「経営」に対する認識が甘く、気が付いたらアパートは空室だらけ。

もしくは、30年一括借上げで安泰と思っていても、じつはそうではなかったという現実があるからです。

厳しいことを言ってしまいましたが、親の家の活用も一歩間違えると、資産を守って増やすどころか不良債権になってしまうのです。

地方や郊外の家の活用法

自宅にアパートを建て、自分たちは賃貸住宅に住みながら、手元に残るお金をいろいろ活用する・・・この手法は若い人がたくさん集まり、賃貸住宅のニーズが多い東京などの都市部なら有利です。

では、郊外や地方では無理なのかといえば、そんなことはないと思います。

確かに郊外や地方では、賃貸住宅が次々と建てられ、供給過剰になりがちです。

しかし、供給過剰に陥っているのは、ハウスメーカーやアパート専業メーカーの建てる比較的小ぶりでワンパターンのアパートや賃貸マンションです。

こうしたアパート激戦エリアこそ、旅館アパート投資は向いています。その家の近くに観光地はありませんか？　外国人旅行客は利便性だけを重視していません。のんびりした日本の田舎を楽しみたいという需要もたくさんあります。なにより外国人旅行客を対象とする旅館アパート投資では、近隣に建つすべてのライバル物件とは、ターゲットが違います。

やって来る可能性のない日本人入居者を待つよりも、最初から外国人観光客を狙って簡易宿所を建てます。もしくは空いている戸建てをリフォームすることもできます。

コストをかけて豪華な宿をつくる必要はありません。繰り返しになりますが、基本的な設備はアパートや一般の貸戸建てと同様です。

新築の場合はコスト意識の高いものを建てますが、中古であれば、なるべく既存のものを活用したほうがいいでしょう。

大事にするのは清潔感です。水回りだけリフォームをして、古い民家を雰囲気をあえて残して、古き良き日本の「和」を演出するのも手です。

コラム

農地の転用手続きとは？

農地を他の用地に用いること（農地転用）については、農地法による厳しい規則がかけられています。具体的には、自分の農地を宅地などに転用する場合は農地法第４条、農地の所有者から農地を第三者が買って転用する場合は農地法第５条に基づいて、地元の農業委員会に申請書を提出しなければなりません。農業委員会では意見を付して知事に送付し、知事の許可があって初めて、転用が可能になります。

この農地転用許可申請の際には、土地の登記簿謄本のほか、付近状況図、建設予定の建物または施設の面積、位置および施設間の距離を示す図面などが必要とされます。

なお、農地法第５条の許可では、転用許可を得ないと売買等の効力が発生しないことになっており、所有権移転などの登記もできません。

第5章

「親の家」を活かした成功実例

第5章では実際に「親の家」を活用した実例をご紹介します。

親の家を吹き抜けアパートや旅館アパートに建て直した事例、そのほかにも親の家を売却して資産の組み替えした事例など、その方の家族構成や資産背景によって、とるべき手法は様々ですが、しっかりとお金がまわって、かつ家族が幸せになれるよう、私にできることを、精一杯サポートさせていただきました。

皆さんのご参考になれば幸いです。

1 下町の空き家を旅館アパートとして再生、高稼働を実現！

千葉県・冴木将司さん（仮名）

40代後半のサラリーマン。誰も住まなくなり持て余した祖母の家を旅館アパートにフルリノベーション。外国人旅行客から人気のある物件として高稼働を実現。

物件データ

旅館アパート
（47㎡、1世帯）
☆京成線O駅 徒歩8分　土地約14坪
☆想定家賃　月額30万円〜50万円

千葉県在住の冴木さんは、都内の文具メーカーに勤めるサラリーマンです。

もともと不動産投資に興味があったわけではなく、下町にある空き家を持て余していたところ、昨年の1月に発売された拙著『新版　親のボロ家から笑顔の家賃収入を得る方法「空き家」を「お金を産む資産」に変える』を手に取っていただ

き、私のもとへ相談へ見えたのです。

「空き家といっても、かつて私の祖母が住んでいた小さな家で、小さなころから何度も遊びに行ったことのある思い出のつまった家です。祖母が他界した後に、誰も住まなくなりどうしたものかと悩んでいました」

この家の所有者は冴木さんのお母様で、お母様は現在、冴木さんと同居されています。

お母様は病気がちで冴木さんも仕事が忙しく、残置物が残ったまま何年も経過していました。

「当初は売るか貸すかと考えていたのですが、母が思い出のある家を売りたくないというので、長らく放置する結果となってしまいました。人が住まなくなると家は劣化するもので、だんだんボロボロの廃屋のようになります。こうなると誰も近づかなくなって、完全にお荷物となり持て余していました」

家としてそのままでは使えず、解体して更地にしても小さな土地だけに高く売ることはできそうにありません。

今後どうすればいいのか・・・そんな悩みをお持ちでしたが、空き家のある場所を聞くと、成田空港、羽田空港から乗り換えなしで直通で行ける好立地ですし、スカイツリーからほど近い場所にあります。

用途地域を調べてみると、簡易宿所の営業許可も問題なくとれるため、空き家をフルリノベーションして旅館アパートにするプランを提案しました。

「人に貸して家賃が入ったらいいなとは漠然と考えていましたが、まさか旅館になるなんて驚きました。50㎡足らずの小さな家ですが、旅館にするには十分な広さがあったようです。また、庶民的な下町が外国人旅行客からも好まれるようで、しっかりと収益を生み出してくれます」

と冴木さんに喜んでいただけました。残置物の撤去やリフォーム費用はかかったものの、今では月々30万円から50万円を稼ぎだす優秀な投資物件となりました。

なお、この物件は巻頭カラー1ページ目でケース1として写真で紹介していますが、巻頭カラー2ページで紹介しているケース2の物件もまた同じように空き家をリフォームした物件です。

偶然にも冴木さんと同じ沿線にあるため、やはり外国人旅行客の利便性が良く、リビングダイニングが広くてファミリー向けの快適な物件として人気を集めています。

お二人のケースは京成線沿線という立地が強みを持っていますが、外国人旅行客にニーズがある地域はほかにもまだまだあります。もし、使っていない空き家があるようでしたら、ぜひご相談ください。

フルリノベーションすることが前提ですから、長い間空き家であったり、ボロボロで水回りが使えない状況であっても問題ありません。どうか一人で悩まないでくださいね！

2 古くてボロボロの「親の家」をアパートに建て替え、毎月20万円以上の現金を手元に残す

東京都・加藤雅義さん（仮名）

30代前半のサラリーマン。家族三代で住んだ古い大きな家をアパートに建て替えて、自身は駅前の便利な賃貸マンションに。

物件データ
吹き抜けアパート
（1階42㎡×3世帯・2階42㎡×3世帯　計6世帯）
☆京成線沿線　Y駅徒歩5分　土地90坪
☆想定家賃　月額65万円

加藤雅義さんは30代の独身サラリーマンです。

もともとは、お母様と、最寄り駅に近い敷地約90坪ある一戸建ての実家に同居していました。

この家は先代からの家で、かつては平屋だった建物を後に増築し、一部を2階

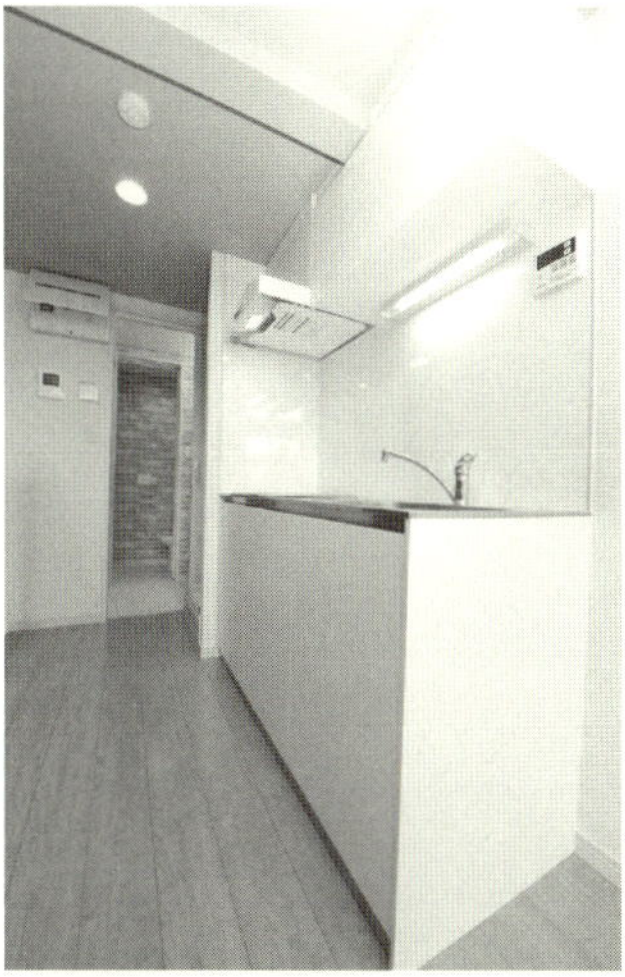

建てにしていました。

私も1～2度訪ねたことがありますが、庭木がうっそうと茂り、日中でも暗いのに驚きました。

3代住んでいるだけあり、建物はかなり傷んでおり、加藤さんは前々から建て替えを考えていました。

「ただ、せっかく駅から近いし、敷地にも余裕があるので、何か有効活用できないかという気持ちがありました。そこで少し調べてみると、周辺に新しい賃貸住宅がほとんどなく、アパートがいいのではと思うようになったのです」

しかし、雑誌の賃貸住宅特集を読んだり、賃貸情報サイトでリサーチしたところ、加藤さんのお住まいの地域は、都内で家賃相場が低いワースト5に入っていたそうです。

「正直いってショックでした。新築で建てたとしても、あまり高い家賃は望めそうにありません。一時期はせっかくのアパートプランをあきらめようかと思いました」

確かに、周辺の賃料相場はそれほど高くありませんし、空室が続くのではないのかという懸念があったそうです。

慎重に検討を進めていくなかで、たまたまインターネットで私のブログを見つけて連絡をいただきました。そして、私のアドバイスを聞くうち「競争力のある建物を企画すれば大丈夫ではないのか」と思いはじめたといいます。

具体的なプランニングについては、賃貸併用住宅にしたり、自宅とアパートを別々に2棟建てたりする案もありましたが、シンプルにアパートだけ建てて、ご自分たちは近くの賃貸マンションに住むほうが合理的と判断されました。

完成したアパートは、2階建て計6室。各部屋は42㎡の1LDKで、水回り設備を豪華にしたタイプです。

家賃は平均9万円、駐車場5台分を含め、月65万円の家賃収入が見込まれます。かかった費用は全額アパートローンでまかない、返済額は毎月30万円弱です。

「母と私は、ひと足先に隣駅の駅前にある約70㎡、3LDKの賃貸マンションに引っ越しました。家賃は15万円弱ですが、ローン返済分と合わせても、毎月20万円以上は手元に残る計算です」

なお、敷地はお母様名義で、アパートの建物は加藤さん名義。

加藤さんは現在、ソフトウェア関係の会社に勤めており、仕事が結構ハードだそうです。

「勤務先の同僚には、自宅を建てて30年以上の住宅ローンを組んでいる人もいます。でも、そんなに長い間、自分の給料だけで返済していくのは大変。私はむしろ、株式投資をしたりして、給料以外の副収入をつくりたいとずっと思っていました。こうしてアパートを持ち、毎月多少なりともキャッシュが手元に残るようになると精神的、経済的にずいぶん余裕ができました。まだ会社を辞めるつもりはありませんが、もう少しアパートを増やしながら、キャリアの選択も考えたいと思っています」

自宅を活用することで、加藤さんには新しい人生設計が開けつつあるようです。

3 「親の遺してくれた借地」にアパート2棟を新築して経済的な安定を手に入れる

東京都・馬場隆司さん（仮名）

世田谷生まれの55歳。自営業ゆえに経済的に不安定で、生活する分には問題がないが、これからかかる教育費や老後資金にも困っていた。

物件データ	
	吹き抜けアパート （1階36㎡×4世帯・2階48㎡×4世帯×2棟　計16世帯） ☆小田急線K駅　徒歩7分　土地約50坪 ☆想定家賃　月額176万円

自営業の馬場隆司さんも私と同年代の55歳です。

私が主宰する勉強会にも参加していた元会員さんです。

馬場さんは世田谷区のK駅から徒歩7分にある借地に、お爺さんの代から住んでおり、今は奥さんと娘さんの3人家族です。

吹き抜けアパート外観

内装

「仕事は商店街の一角や、イベント会場などで物販をしています。収入が不安定ですし、まだまだ子育て（当時は小学生）にも手がかかります。それで自宅の土地を活用できないものかと思い立ち、近所の工務店へ相談をしたところ、『RCのマンションを建てなさい』と見積もりを出されました。このプランで銀行に融資のお願いへ行ったのですが、『借地ではお金が貸せません！』と相手にもされませんでした。それでもあきらめきれず、白岩さんに相談したのです」

地場の工務店が出したという見積もりとプランに目を通すと、総予算3億数千万円のわりには、どこにでもありそうな20㎡の狭小ワンルームでした。

ましてＫ駅といえば、近隣に大学のキャンパスが多く、ワンルーム物件は供給過多なのです。

同じワンルームを建てるにしても工夫さえすれば、まだ道は開けるものを、ＲＣで建築費だけ高くしただけのワンルーム・・・これではただの箱になってしまいます。


私は馬場さんに、このプランでは成立しない理由を説明し、木造建築にすることを提案しました。しかも、しっかりと家賃が取れるようなアパートに。

すると希望を持った馬場さんは、思い出の桜の木の話をしてくださいました。

「私が小学校の入学式のとき、大好きだった祖父が記念に桜の木を植えてくれたのです。それが敷地の真ん中にある。なんとか切らずに生かせれば・・・」

普通なら、そのような施主の希望など無視して建ててしまうのでしょうが、私は馬場さんの想いを尊重し「わかりました。アパートを２棟に分け、真ん中に桜の木を残してアパートを建てましょう!」と約束したのです。

こうして2棟16世帯の吹き抜けアパートに決まりました。

馬場さんの自宅は借地ですから、融資が難しいのがネックです。

私の知人の売買業者に頼み地主さんへ交渉をしてもらい、半年後には底地を1700万円で購入することができました。

馬場さんのお爺さんのころから住んでいる、代々の賃借人という長いお付き合いもあってか、思ったよりスムーズに交渉が成立したと思います。

銀行との交渉は、馬場さんが不安定なご商売であることから、難航すると想定していましたが、先に借地、次に底地を買って所有権にした後に、その土地を担保にできたおかげで問題なく融資を借り入れることができました。

竣工後にとある事情で紆余曲折がありましたが、無事アパートも満室になり順調に運営なさっていた矢先、馬場さんは狭心症を患います。

病院で検査をすると、その場で入院することになりました。緊急の開胸手術です。

余談になりますが、私も同じ狭心症を患った経験があります。

10年前に2億数千万円もの大金を借入れ、28世帯の吹き抜け型アパートを造ったとき、冠動脈が詰まってステント（動脈からのカテーテル手術）を2本入れて手術しました。

馬場さんの場合は不運にも血管の詰まった場所が悪く、私のようにステントではなく、開胸して冠動脈のバイパス手術を行うという大がかりなことになったのです。

幸いにも退院できましたが、その手術の2日前にこのようなお電話をいただいています。

「妻には、『手術が失敗して自分にもしものことがあったら、後は白岩さんにすべて任せてあるから心配するな』と話してあります。管理や客付け、将来に渡って妻や子どものこと、宜しくお願いします！」

この心境は、莫大な借金をして大家業をされている方でなければ理解できないだろうと思います。

私は胸が熱くなりました。このような局面で信頼していただけて光栄の限りです。そして期待に精一杯応えることを馬場さんに誓いました。

この信頼を忘れない様、これからも気を引き締めていきたいと思います。

馬場さんが電話の最後にさりげなく言った言葉が今も身に染みています。

「すべての原因とは言わないけれど、16部屋の新築アパートを建てても、いい加減な管理会社さんに丸投げしていた結果、なかなか空室が埋まりませんでした。そのストレスから狭心症になったのかもしれません。ところが客付を白岩さんに相談してからはずっと満室で本当に助かりました」

一時は「借地だからお金は借りられない・・・」とあきらめていましたが、やりようはあるのです。

結果、馬場さんは経済的な安定と、子どもの将来の心配から解放されました。

当時は小学生だった娘さんも中学生になりました。

以前は教育費の心配をしていましたが、アパートのキャッシュフローのおかげで安心して塾に通わせることもできます。

かつての馬場さんに資産はありませんでしたから、収益不動産を持って本当に良かったとおっしゃっています。

ご自身に万が一のことがあっても、家族は困ることもありません。

親が遺してくれた借地のおかげで道が開けたのです。

4 次世代に残す資産を兼ねた賃貸併用住宅の旅館アパートがフル稼働で収益をもたらしてくれる

東京都・山本芳夫さん（仮名）

埼玉県出身の40代。士業。娘さんに資産を残したいと考えて自宅併用型の旅館アパートを新築した。

物件データ	
	旅館アパート＋自宅 （1階42㎡・2階52㎡（自宅）計2世帯） ☆田園都市線K駅　徒歩5分 土地約28坪 ☆想定家賃（宿泊費） 月額約40〜50万円

山本芳夫さんは士業をされている40代の男性です。今は東京都在住ですが、元々は埼玉県にお住まいでした。

まだ小さな娘さんが2人いらっしゃるため、将来を見据えて不動産投資をはじめられたそうです。

「将来的には娘2人に同じ規模の物件を都内の一等地に2棟残したいと考えています。そこで土地を探していたのですが、去年の初めごろにちょうど良い土地が見つかり買うことができました」

　この土地に自宅を建てるプランもあったようですが、収益性を兼ね備えたほう

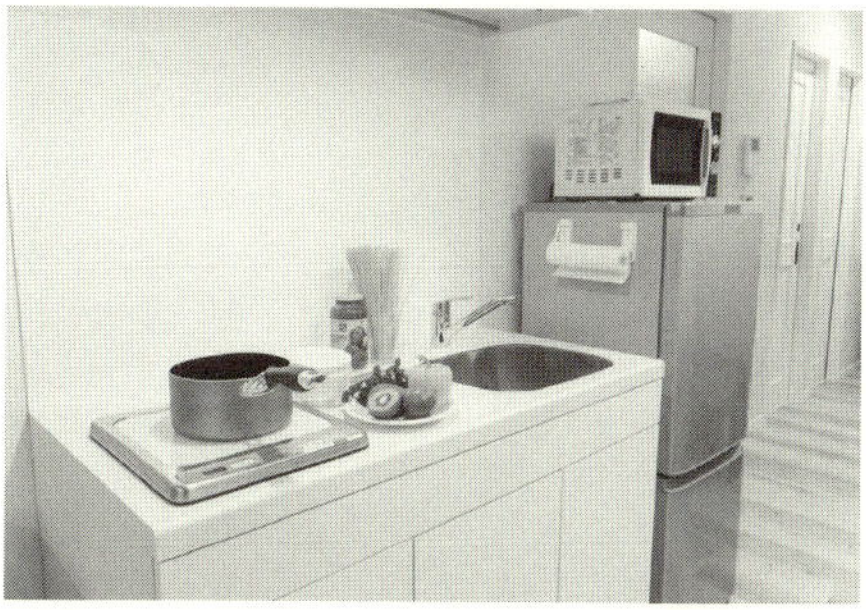

がいいと判断して、賃貸併用住宅にしました。

「ここで白岩さんに相談したところ、自宅に『旅館アパート』を併用したプランを考案いただきました。上階に私たち夫婦と娘たちが住み、1階を旅館アパートにするという内容です」

そして今年の6月にはめでたく旅館アパートをオープンすることができました。

「はじめて尽くしの中で緊張しながらのスタートでしたが、初月から順調で、夏の繁忙期にはフル稼働していました。おかげで住宅ローンを自分で払うことはありません。今更ながら立地の良さが決め手になったと確信しています。今はもう1棟、同じ規模の旅館アパートを建てるため土地探しをしています」

ところで旅館アパートは普通のアパートに比べて収益は高いのですが、自宅も兼ねている賃貸併用住宅で旅館アパートを経営すると、ご家族のプライベートに支障ないのでしょうか。

「その点においては妻もあまり気にしません。玄関が別になっていますから、お客様にもよけいな気遣いをかけずにすみますしね」

というのも渋谷駅からK駅まで電車で7分、駅から徒歩で5分のため、渋谷のハチ公前から15分以内で移動できます。

アジアからの旅行者にもご利用いただいていますが、どういうわけか欧米系のお客様が目立っているそうです。

「この近所は学生さんに人気の居酒屋も数多くあるからです。リーズナブルに和食の楽しめる居酒屋は欧米人に人気があります。徒歩圏にそうしたお店がたくさんあることがホテルサイトの口コミで広がり、好評をいただいているようです」

これがもしも普通のアパートであったなら、月にしてせいぜい12万円も取れたらよいところを、なんと3倍以上も稼いでくれるのですから、これには山本さんも大喜びされています。

5 親から継いだ全空アパートを旅館アパートに建て替えしたら初月から100万円を超える収入が！

東京都・原山拓郎さん（仮名）

30代半ばのサラリーマン。親から借地を引き継ぎ、人の住んでいなかった古いアパートを旅館アパートとして建て替え。

物件データ

旅館アパート
（1階51㎡・2階31㎡＋25㎡、計3世帯）
☆東横線Y駅　徒歩4分　土地約30坪
☆想定家賃（宿泊費）　120～150万円

親からアパート経営を引き継ぎ、新しく建て替えようと検討したところ、場所がよかったので旅館アパートができないかと相談にこられたケースです。
「私の親が所有する古いアパートには人が住んでいませんでした。建て直す予定でしたので募集もかけていなかったのです。借地でしたので、地主さんに建て替えの承諾をもらってアパートを建てようか検討していたところ、たまたま白岩さんのブログを見つけて『旅館アパート』に興味を持ちました」

土地を調査したところ、問題なく簡易宿所の許可がとれ、立地も申し分ないということで建て替え計画を進めることができました。

借地でネックになるのは、地主の建て替えの承諾ですが、原山さんは地主さんから快諾を得られました。場合によっては宿泊施設として利用するということで、地代が2倍や3倍になるケースもありますので、そこは注意です。

ご相談に来られたのは去年の秋。すぐに解体工事をして今年の6月に開業しました。

「ちょうど民泊新法が施行されたタイミングにオープンできて、本当にラッキーでした。これまで違法の民泊物件がたくさんあったようですが、この時期は渋谷近隣エリアの闇民泊が一掃されて、外国人旅行客からのニーズが私の物件に集中したのです。おかげで良い形のスタートダッシュとなり、初月から100万円を超える収入がありました」

私の知る限り、ここまで順調なのも珍しいケースです。じつは、親から継ぐ予定の借地は近所にまだあるそうで、原山さんはそこも旅館アパートにすることを検討されています。

第6章

「相続のプロ浅野先生」と「60代実践者タエコさん」に聞いた！損をしない円満な相続とは？

【税理士】浅野和治 氏
&
【大家】白岩 貢・菅タエコ

第6章は、本書の著者である白岩貢、姉で民泊スーパーホストの菅タエコ氏、そして相続税務のエキスパートである浅野和治税理士の座談会です。

いかにして「親の家」を引き継げばいいのか、また相続トラブルにはどのような対策があるのか、あらかじめ相続に対して準備しておくべきことを解説します。

家族の死、財産の分与では問題が発生しがちです。場合によっては、その後の人生を左右するような金銭的な負担もあります。

相続を円満に乗り切るためには正しい知識、知恵と工夫、行動が不可欠です。本章でプロの考え方を知ってください。

対談者プロフィール

【浅野 和治（あさの かずはる）氏】

浅野税務会計事務所（自由が丘）所長。相続や不動産に関する相談案件が多く、クライアントには地主をはじめとした資産家が多い。本著の著者である白岩の相続時には献身的なサポートを行い無駄のない相続と不動産管理会社の法人化を実現した。著書に『資産を守る不動産活用術』（ごま書房新社）ほか。

・浅野税務会計事務所　http://www.asanokaikei.com

【【菅 タエコ（かん たえこ）氏】

60代主婦。2015年に所有するアパートの1室で民泊を開始。その後、自宅の空き部屋を利用してホームステイ型の民泊も行う。ゲストと食卓を囲む「おもてなし」が高評価を得てスーパーホストに。『Airbnb（エアビーアンドビー）で叶えるユニークな暮らし』（Airbnb Japan著・ネコ・パブリッシング）にも掲載されている。

信じていた長男に裏切られた母

白岩　私たちの場合は、とにかくワンマン親父で「俺の死んだ後のことなんか知るか！」という感覚ですから、対策の立てようがありませんでした。

浅野　たいてい皆さん、死んだ後のことを考えるのは嫌がりますから。心の片すみでは引っかかっていても大手を振って口に出しません。

タエコ　そうですね。心のどこかにはあったと思います。父も「あれは娘に、これは長男、こっちは次男へ・・・」と何となく考えていたようです。ただし、これはあくまで親子の関係が良好なときの話だと思います。

母親のケースでいえば、夫婦で会社をずっとやってきました。そこへ兄夫婦が入って継いでくれて安心していたのに、自分が追い出されてしまったわけだから驚いたでしょうし許せなかったと思います。

浅野　ご両親が立ち上げた会社をお兄さんが継いで、お母さんが追い出されたという話ですね。

白岩　そういうことです。株式は父が１００％所有していました。法定相続分でいえば母に50％で、残りの50％を兄弟で３等分だったのが、それを兄は「全て寄越せ！」というのです。

　そこで私と姉は母を立てて相続放棄するけれど、兄には「お袋と半々にしろ！」と言いました。すると兄貴が「ふざけんな！」と逆上しました。

　結局、母は「もういいから」と退いたんです。そうして兄に株を１００％継がせたところ、同居していた母は会社からも家からも追い出されました。私と姉は「予想通りになったね・・・」と嘆きましたが、母だけは現状が見えていなかったのです。

タエコ　物事にはいろいろな側面があります。縦の見方、横の見方ってありますよね。私たちは兄弟だから横です。でも、親の縦の見方は違います。

白岩　自分で（兄を）産んでいるから自信がある。明らかに「おかしいよ！」と忠告しても、「大丈夫、大丈夫」って耳をかさない。息子だからと無条件に信じていたら、裏切られてしまったのです。

浅野　もちろん全員ではありませんが、得てして長男はそういうタイプが多いようです。ほかの兄弟に財産を渡さないように画策する人もいます。

タエコ　やはり親も長男を頼るし、何となく兄弟も最初は分からないので「長男だから」と安心してしまうんでしょうね。裏切られた後の母は心身ともボロボロになって、私が介護に入ることになりました。

浅野　今回の民法改正で「奥さんに居住権を付ける」もそれなんですよ。家を相続税

対策で自宅をお母さんではなくて、長男が全て取ってしまうわけです。「そのほうが税金上はいいから！」とやる。その後、本当はお母さんがずっと暮らしていればいいのに、追い出してしまう。結果、配偶者の住むところがない事案がいっぱいあります。そこで民法の改正で居住権を配偶者に与えるようにしました。

白岩　そういうこと、多いんですね。

浅野　はい。多いです。

相続の準備は遅くとも70代で！

白岩　そんなわけで私たち兄弟は、決定的な相続対策はできませんでした。とくに父の死は急で、遺された家族の大変さなど、これっぽっちも考えていなかったと思います。

浅野　それに親としては「兄弟同士だから仲よくやるだろう」と疑わないでしょうしね。

実際には、そばで面倒みている人ほど嫌われたりする傾向にあります。「薬飲みなさい！」「食べなさい！」とキツイことという同居の家族と、たまにきて優しくしてくれる家族なら、たまに顔を合わせるくらいのほうが良い関係でいられます。

タエコ　めったに顔を見せに来ないくせに、良いことばかり言って、一番苦労して介護している者が憎まれてしまうのはありがちですね。

浅野　その結果、一番尽くしてくれた人に対して、還元されないような遺言状を書いたりするケースもありますから。

白岩　私の知り合いのケースにも同様のことがありました。長女が同居して一生懸命に介護していたのに、次女がやって来てご機嫌取りをしています。客観的に見ると憤りを感じますが、介護されている本人は自覚がありません。

浅野　特に高齢になるほど、その傾向はありますね。

白岩　そういえば二次相続の前に、浅野先生から「70代のうちに蹴りをつけないと収集がつかないよ」とアドバイスいただいて焦ったわけですよ。本当にその通りになりました。80歳を超えると自分のお金をどこにも動かしたくなくなるようです。

浅野　もう理性ではなく本能だけになってしまうのです。「自分の財産をむしりとられる！」と不安になって、どんどん歳とともに執着が強くなりますね。

タエコ　人が信用できなくなってしまうんですね・・・。うちの場合は認知症であることがはっきり分かって、1人で生活ができなくなったので同居しました。

浅野　いずれにしても親も高齢になればなるほど、相続税対策で「こうやりましょう！」と説得するのも大変です。対策としては、とにかく元気なうちに対応しなければいけません。

白岩　その通りですね。あと対策をする必要があるのか、というのもありますよね。相続税対策という点においては、対象は限られた人たちです。ある程度不動産など継ぐものがある家がターゲットですよね。

浅野　でも、そこまで財産を持っていなくても心配されている方も多いですよ。よく私のところにも相談があります。1億円前後の住宅と財産がある人たちは「たくさん相続税がかかるのでは？」と怯えているのですが、いざ蓋を開けてみたら数百万円程度のことも多いです。これが資産3億円を超えてくると、税金の支払いが1000万円以上になってくるケースが多いです。

タエコ　子どもたちも「親の財産はこれくらいあって・・・」と話し合ったりしないですからね。たとえば敷地内に駐車場があるとか、マンション建っているとか、見た目でわかればいいですが、遠方にあればわかりません。

浅野　たしかに子どものほうからも口に出しにくいものです。一番は親子で話し合ってもらった後に、親御さんも一緒に税理士に相談いただけるのが理想的な流れです。親が稼いだ財産なのだから、どうしたいかの意思もあるでしょう。それで税金が高いと判断したら「子どもと協力して、どう節税していけばいいのか」を考えていきます。

白岩　ここで、親にあまり意識がなければ、子どもの方から動くしかありません。ただ、子どもだけで先走っちゃうとよくない。

浅野　「欲」のように感じられてしまいますから。

タエコ　だから、何としても親を動かすべきなんですよね。

浅野　タイミングとしては、古くなった家を建て替えるときなどが良いと思います。「そろそろ何年かしたら家をどうにかしなきゃね」と。それと子どものほうもある程度の年齢になると、社会的な地位も固まってきて転勤族でなくなる。すると「親と同居するか、しないか」と決断することになります。ゆくゆく介護の問題もありますから。

タエコ　建て替えや介護のことなどを話すときに、ついでに持っている不動産がどれぐらいあるかを聞いていくのですね。やはり早めが大事ですね。

相続争いに財産の多寡は関係ない！

白岩　相続財産の多い少ないに関係なく、揉めごとは常にありますか？

浅野　あります。遺産分割に対しての対策と、相続税対策は全く違うものです。まずは分割について話がついていないと、相続税対策ができません。相続税対策は、みんなが同じ意志を持っていないと話が進みません。

ベストはお父さんがしっかりしているときに、相続税対策を行い遺言書を書いてくれることです。しかし「遺言書を書いてください」とお願いすると大半の親は怒ります。「どうして私が死ぬのを待つんだ！」「金目当てか！」と。

白岩　私たちの親もそうでした（苦笑）。

浅野　そこが一番の問題になってくる。僕らは相談者に「遺言書はもめないように親を説得するのが相続税対策の基本ですよ」と強調します。遺言書を書くことにより、みんなが穏やかに長生きしてくれればいい。

相続税対策には、たとえば「110万円の基礎控除（非課税枠）による生前贈与」（巻末付録参照）があるじゃないですか。明日に死ぬ方へは110万円の贈与は1回しか使えませんが、20年生きる方には20回使えて2200万円が子どもに渡せます。そういう例もあるので、とにかく遺言書を書いて「みんなで仲良く長生きしてくださいね！」ってオススメします。

するると、最後に仕事が終わったとき、親御さんから「これで長生きしてもいいのね?」って。だから僕も「どうぞ好きなだけ長生きしてください。相続税対策も終わっているし、

長生きも相続税対策になりますから！」と説明してあげれば安心されますすね。

白岩　遺言書を書くのに資産の規模は関係ないのですか？

浅野　関係ありません。先ほども言ったように相続税と遺産分割は別物です。しかし遺産分割をしっかり詰めておかないと、とれる対策もとれなくなってしまいますから。

アパートメーカーの家賃保証はあてにならない！

白岩　よくアパートメーカーが地主さんへ「アパートを建てましょう！」と提案していますが、果たして節税になっているのでしょうか。

30年一括借上げなど、業者からの美味しい話を鵜呑みにしたばかりに失敗するケースもあると耳にします。まずは、親の土地に価値があり、それに対して税金がかかるようであれば「親の家」を守る特例を使うことですね。

浅野　自宅として守るのか、それともビジネスに変えて守るのかも重要ポイントになります。

白岩　都内の人は守りに徹し、地方の人は組み替えて、今の家にこだわることを捨てるのが必要ですね。共通して言えるのは、いたずらにアパートを建ててはいけないこと。もしも建てるのであれば、全て片付いてからにした方がいいですね。

浅野　立地さえ良ければアパートでも大丈夫ですから。

白岩　世の中の風潮として「相続税対策ですぐアパートを建てましょう！」というのがあるけれど、それは業者の勝手な都合でもあるわけです。何しろアパート経営は場所を慎重に選ばなければ失敗をする。自分の土地が空いているからという理由だけで建てるのは論外ですよ。

これは私がいつも言っていることですが、「人もいないところに店を出すな！」という理屈です。人通りが少ないところで商売をやっても大変なのは目に見えています。

それはアパート経営にしても同じで、「人が集まるところで、求められている物件を建てましょう！」ということですよ。それを理解していない地主さんが驚くほど多いですね。

浅野　それこそ昔は家が少なくて人が溢れていたから、まず土地があればアパートを建てましたけれど、今は逆の時代ですから。

借金をすれば「得」なのか？

白岩　もうひとつ、「借金をするといい！」という風潮もよくないと感じます。

浅野　そうですね。たとえば、僕の財産が現金預金で1億円を持っていたとして、相続税を安くしたいと考えます。

何をやるかといえば1億円の財産を使って、時価2億円のアパート（土地・建物）に投資をします。これで借金を2億円にします。すると、バランスシートはプラスマイナス1億円（時価ベース）です。元からある1億円の財産は変わらないのです。

ところが相続の話になったとき、相続税評価額になると、先ほども申し上げましたが

1億円の現金は持っています。2億円のアパートが評価すると4割減で8000万円になります。すると2億円の借金を抱えているためマイナス2000万円になります。これで相続税はかかりません。

白岩　そのカラクリでみんなコロッと騙されてしまうのですね！

浅野　「借金をしなさい！」といいますが、結局のところ、半分は自己資金で使い、半分は銀行から借りても時価のバランスシートは同じです。

相続税評価額ベースでいえば1億円の現金は無くなりますが、借金も1億円になる。これも最終的には同じです。ですから現金を持っている人は自己資金を使っても同じです。

空いている土地にアパートを建ててしまった場合なら、これは自分の土地と建物だから、将来に売ることとなんてあまり考えていないでしょう。するとアパートが空いたらどうにもならなくなりますよ。

白岩　それでもローンだけは残る。RCマンションなら35年ローンですからね！

浅野　お金が無ければ借金をする選択もありますが、お金があれば全部つぎ込んでもいいのですよ。ただし世の中の皆さんは、老後の資金や自分が今まで貯めてきたお金が無くなるのは嫌なのですよ。

白岩　私たちの親もそうでした。齢をとると貯えが減るのを本当に嫌がりますね。

浅野　だから積極的にローンを組んで行う地主さんが多いのです。でも、借りるということは返さなくてはいけません。うまく経営できなければ、儲かるどころか赤字になる可能性もありますから。

白岩　その点は私も同感です。安易にアパート経営に手を出して失敗している地主さんが増えています。

相続税の対象者は全国にいる

白岩　そもそも相続税対策について、考えておかなければいけないのは首都圏に住む人に限定されますか？

浅野　土地に関しては、国税庁が毎年7月初旬に発表している「相続税路線価」から概算を計算することができます。もしくは簡便な計算として、不動産を持っていると毎年のように郵送される、固定資産税の納付書にある土地の価格に1・14倍（簡便的には1・2倍、つまり2割増し）すると、おおよその相続税評価額が計算できます。

坪単価が何百万円もするような地価が高い土地なら、土地面積が小さくても対象になります。これが少し都市部から離れたところであれば、土地の面積次第です。100坪の土地となれば300坪の自宅があって、そのうちの100坪までが特例の対象になるのです。やはり対象になるか、ならないかは大きいですよ。

白岩　つまり小さい土地でも該当してくるのが都内23区内ですね。神奈川や埼玉・千葉県でもよいのですが、比較的人気のある場所で１００坪を超えていても該当するとなれば、相続税支払いの対象となる可能性が高いわけですね。

浅野　はい。これはどこでも同様です。まず政令指定都市の中心内ともなれば該当する可能性は高いでしょう。

白岩　つまり、広い目で見れば日本全国が対象になるということですか？

浅野　ただし、先ほども言ったように相続税がかかるかまではわかりません。もしも相続税がかかるのであれば、地方の地主さんなど早急に資産の組み換えをオススメしています。

白岩　そういえば地方の地主さんを対象に、都心のタワーマンションで節税対策するやり方もありますね。

浅野　1億円もするタワーマンションを買った場合、評価が3000万円ほどになりますから、その時点で7000万円のギャップが出ます。これは平成29年から若干の修正が入りましたが、まだまだ利用価値はあります。ただタワーマンションは月々の管理費や修繕積立費も高額ですから・・・。

白岩　東京でタワーマンション節税をするくらいの人といえば、地方でもよほど相続税が高い部類の人たちですか？

浅野　ええ、地方の地主さんでも資産3億円を超えているような人たちです。小規模宅地等の特例（巻末付録参照）というのがありまして、親が住んでいた自宅については、特定居住用宅地に該当すると評価が8割引になります。たとえば1億円の評価でも2000万円の評価になるのです。

白岩　できるだけ坪単価の高い自宅を買っておくといいのですね？

浅野　そうです。たとえば、目黒区の自由が丘に住んでいる人は、今の家を売って銀座に新居を買えばいいのです。銀座では1坪1億円しますが、自由が丘だとせいぜい400万円じゃないですか。そのギャップは特例で使えます。

白岩　なるほど。子供へ効率よく遺すには、その方法が使えますね。

浅野　これは極端なたとえ話ですが有効な手段です。ただし現実の問題として、これまで長年住んできた家を果たして手放せることかできるのかが問題ですが。

白岩　たしかに高齢者にとっては厳しい提案です。それなら住民票だけを移して、地元と東京を行ったり来たりというのは？

浅野　それは微妙です（笑）。もうひとつ策があります。今は親の自宅の話でしたが「小規模宅地等の特例」で、貸家の場合は200㎡以下なら50％の割引があります。

白岩　居を移すのに抵抗があれば、都内で200㎡の土地を買って、貸家にして5割引きを狙えばいいということですね。

浅野　そうです。これは逆に地方へ行くほど、土地の単価が安くなるので効果は大きくありません。老後に田舎暮らしを検討される方もいますが、相続の観点からいえば、してはいけないことです。繰り返しになりますが都心に比べて、地方は土地が安いですから。

白岩　なるほど。そうですね。

小規模宅地等の特例の変更点

浅野　あとは「自宅を引き継ぐ人が誰か？」によって特例が使える、使えない問題があります。第一に配偶者です。一次相続のときは自宅を所有するご主人と奥さんと同居していれば使えます。特例による8割引きを受けて、奥さんに財産を渡せます。

ただし奥さんが亡くなった二次相続のときは使えない可能性も出てきます。同居の親族、つまり子どもです。配偶者がいる場合は、配偶者か同居の親族しか8割引きが使えません。

配偶者がいなくて、同居の親族がいない場合は外にいる子どもが取れます。それに関しては条件がひとつあります。それは、子どもと、子どもの配偶者の持ち家があったら適用されないということです。

たとえば子どもが転勤族であれば、賃貸や社宅暮らしになりますから、いずれ親の家に戻るということで特例を認めます。ただしマイホームを購入して別に居を構えてしまったら、親の家には戻らないと判断され認められないのです。

タエコ　では子どもは一度でも家を持ったらダメですか？

浅野　その対策として、親に家を売ってしまう方法があ

りました。所有の名義を親にして、その家に子どもが住むのです。そうすることによって父親の相続のときに「家なき子」となり「小規模宅地等の特例」が該当すれば8割引きになりますから、これは大きいものです。売却して3年経つことが条件です。

よくあるケースとして、ご両親がいて最初にお父さんが亡くなれば、残されるのはお母さんです。こうした一次相続のタイミングは配偶者が同居しているケースが多いですが、これが二次相続となったときは、母親と同居している人が少なくなります。

タエコ　確かにそうですね。

浅野　お母さんが一人だけ住んでいるパターンが多いですね。そして子どもはといえば「二次相続のとき困るから」と、早々と自宅を親に売って手を打つのです。以前はそれで問題ありませんでした。

白岩　裏技のようなものですね。親の名義になって3年経てば、事実上父の家だからいいのではないかという解釈ですね。

浅野　それがあまりにも目に余ったのか、今年（2018年）の改正で、4月1日以降からダメになりました。もっとも経過措置があるので、平成32年3月31日までの相続開始は従来通りです。

タエコ　それだけ対策をしている人が多いのですか？

浅野　相続に強い税理士に相談すれば、このやり方を勧めていると思いますよ。地主さんは当然ながら、サラリーマンでもある程度の収入がある人は、実家があってもマイホームを買うケースは多いですから。

白岩　何か回避策はないのでしょうか。

浅野　これはかりはどうにもなりません。平成32年までに亡くなれば8割減が受けられるけれど、それ以外のときで今は打つ手がなくて困っている状態です。

それぞれ自宅を持っていたら両方とも売って、新しい家を建てて2世帯の同居がもっとも理想的です。今の税制上でも優遇されますし。

白岩　2世帯住宅を建てて、その上でさらに亡くなったら、税金はもっとも優遇されるわけですね。

浅野　はい。その後、その一世帯を民泊で活用するのもやり方でしょう。

タエコ　それは私がしているようなホームステイ型の民泊や部屋を簡易宿所で営業許可をとるような話ですね。同居は何年もしなくてはいけないのですか。

浅野　基本的には「何年しなければいけない」という決まりはありません。とはいえ、亡くなる前日に同居したからといって認められるかといえば、それはあまりに無理がありますす。こうしたことは租税回避行為と言われますが、1年くらい同居していれば問題ないでしょう。

白岩　その場合はマイホームがあっても親と同居すればいいのですか？

浅野　そうです。自分の家は誰かに貸せばいいのです。そうなると二世帯住宅がオススメです。

タエコ　水回りが分かれていて、玄関が分かれているようなタイプの二世帯住宅でも良いのでしょうか？

浅野　はい。完全分離型の二世帯住宅でも大丈夫です。平成25年の改正で認められることになりました。ただし各独立部分が区分所有登記されているとダメです。

タエコ　では、親が施設に入った場合は？

浅野　施設に入る前に一緒に住んでいれば、文句の言われる筋合いはありません。ただし、この順番を逆転にするとまずいです。施設に入ってから同居するのは認められません。

白岩　それもチェックされるわけですか。

浅野　経緯はチェックされます。よくあるのが子どもたちは地方に住んでおり、親が東京で暮らしているパターンです。
　お母さん1人しかおらず、そのお母さんが施設に入ってしまいます。東京の家が空き家になって心配だから、静岡から東京に引っ越します。そうすると一発でアウトです。やはり親と同居していないからです。施設に入る前に同居して、施設に送り出すのであればいいのですが、施設に入った後で親の家に住んではダメなんです。

タエコ　そうなんですか。ありそうなケースに思えます。

浅野　この順番を間違えると特例は使えなくなります。

白岩　この「小規模宅地等の特例」が今回の改正の大きなポイントなんですね。

浅野　はい。一番大きい変更点です。

「旅館アパート」は親の名義ではじめる！

白岩　それ以外、何か変更ってあります？

浅野　貸付事業用宅地等にも変更がありました。これは被相続人が生前に不動産賃貸をしていた建物の敷地について２００㎡まで50％の割引ができる規定です。

たとえば、名古屋にある土地を売って東京に賃貸マンションを買うとします。以前なら即、買ったときから貸付事業用の割引が使えましたが、３年間はダメになりました。

白岩　それはどうしてですか。

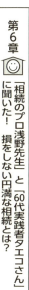

浅野　死ぬ直前に賃貸物件を買いまくる人が多いからです。それで今年から3年規制を入れたんですよ。

タエコ　この3年規制も今年なんですか。

浅野　はい。今年からスタートしました。これには経過措置はなく、平成30年4月1日以降の取得分から対象になります。裏を返せばそれ以前のものは大丈夫です。

また、別に特定事業用宅地等や特定同族会社事業用宅地等の小規模宅地等の特例があります。これは400㎡まで80％割引になるとても節税効果の高いものです。

旅館業を行うときに、親が個人で行うか、親の所有する法人で行うかによって要件は若干ことなりますが、旅館を行っている土地について、400㎡まで80％割引が受けられます。

白岩　それは大きいですね！

浅野　もともと特定事業用等の宅地については、アパートなど賃貸物件は該当しません。

白岩　あくまで事業だったら認められる。つまり旅館アパートなら事業になるので、そこに該当するのですね。

浅野　はい。八百屋やコンビニをやっていれば、それも事業です。これは昔からありました。では土地があって何の事業をすればよいのかが難しいわけです。

白岩　飲食業を素人がはじめて成功する確率は低いです。そう考えると旅館アパートはいいですね。

タエコ　民泊は認められますか？

浅野　民泊は非常に怪しいですね。グレーゾーンです。

タエコ　同居がベストということなので、亡くなるまでは同居しておいて、相続の際には小規模宅地の特例で8割引きにして、そのあとに空いた部屋を民泊で運用するのは？

浅野　それは問題ありません。

白岩　事業として旅館アパート（旅館業）をするのなら、親の名義で旅館業を取ればいいのですね？

浅野　そうです。親の名義で旅館業を取って、旅館アパートで運用していれば、それを相続で受ける場合は8割になります。

白岩　勉強になります。今日はどうもありがとうございました！

おわりに

本書を最後までお読みいただきまして、ありがとうございます。

企画を考えた当初「不動産投資　未来年表」というタイトルはどうかと考えていました。それくらい日本の未来については懸念が多いからです。

そもそも、ある程度の資産のあるご家庭では相続の悩みを抱えているものです。我が家のように遺産分割でもめている家もありますが、資産であるはずの不動産がトラブルになっているケースも見逃せません。

持て余している空き家だけでなく、親の代で建てたアパートやマンションなどで、空室が続き修繕費が収益を圧迫するといったような、親の資産が「重たい荷物」と化している現実があります。

そのほか、ここ数年の不動産投資ブームで買うべきではない物件を購入してしまった失敗のケースもあとを絶ちません。

いずれにしても深刻な少子高齢化の進む日本において、不動産賃貸業に明るい未来を見出すことは難しいでしょう。

しかし、これらの不動産を違う目線で見てみると、違う世界が広がります。それが、私の提唱する「旅館アパート」です。

本文で再三述べていますが、インバウンドニーズは先細りしていく日本において、大きな可能性を感じます。まさに国をあげて取り組んでいる状況でもあります。まったく同じような「親の家」であっても、どのように活かすのか、それ次第で利益は大きく変わるのです。

もちろん、親の家のすべてが旅館アパートにできるわけではありません。なにより、旅館にするためには満たすべき要件のほか、その場所に外国人旅行者からのニーズがあるのか否かがもっとも重要です。

そこで私は、①親の家が活用できるなら、活用する。②できないのであれば、建て直す。③それも難しいなら資産を組み替える。という3つの提案をしています。

第6章の対談では、民泊のスーパーホストである姉に登場してもらいましたが、姉家族こそ「親の家」を上手に活用している成功例です。

私の行う「旅館アパート」は旅館業の営業許可を取得していますが、姉の場合は民泊として届出を行っています。「親の家」の一室を活かして定年退職後の夫婦が家族ぐるみで外国人旅行客に「おもてなし」をして、利益を得るだけでなく「生きがい」も得ているのです。

現役を引退して60代も半ばになると、多くの人は現役を引退しているものです。よっぽどの資産家でなければ、年金を頼りとした不安の多い生活を送っていますし、生きる上での目標も見失いがちです。

それが片言の英語をしゃべりながら、あらゆる国の人ととの交流を楽しんでいるのです。

日本人はお金を儲けるということに拒否反応を示しがちですが、豊かな生活を送ることは決して悪いことではありません。

「親の家」を活用して年金プラスアルファの生活を送れるのはまさに理想ではありませんか？

投資もつきつめれば社会に影響を与え、その結果がまた個人に跳ね返ってくる社会的な行為です。

自分が応援する会社を買うのも、使われていない親の家を活用するのも、すべて社会的な意味があるのです。

「親の家」で豊かになることが、社会に貢献することになる・・・そんな不動産投資を皆さんにもぜひ行ってもらいたいと思います。

本書をまとめるにあたり、多くの方々にお世話になりました。

第6章の座談会と巻末の税務解説については、浅野税理士会計事務所所長の浅野和治さんと姉の菅タエコに協力いただきました。

それから第5章の成功事例ではオーナーの皆さんに貴重なお話を聞かせていただきました。皆さんの不動産投資、アパートづくりに対する熱い思いに刺激を受けながら、私も勉強させてもらっています。

最後に読者の皆さん、私は株式投資で取り返しのつかない失敗をしたことがあります。株式と不動産とでは様々は違いがありますが、どんな投資であっても「絶対」はありません。

私は失敗する人が一人でも減るよう尽力を惜しまないつもりです。本書が皆さんにとって少しでもお役に立てば幸いです。

2018年10月吉日

白岩　貢

ださい。

（2）公正証書遺言

一方公正証書遺言は公証人と証人2名の面前で文面を確認しながら作成します。公証役場に出向くなど手間と費用がかかりますが、不備がおきにくいため、今もっともオススメの遺言書です。

公正証書を作成する際に生じる手数料（費用）については、政府が定めた「公証人手数料令」に従わなければなりません。

〈事前に用意するもの〉

①遺言者の印鑑証明書（6ヶ月以内のもの）・・・1通
②相続の場合－遺言者と相続人の関係がわかる戸籍謄本等・・・各1通
③遺贈・相続人以外の人に財産を贈る場合・・・その人の住民票等
④遺言対象の財産が土地・建物の場合・・・登記簿謄本と固定資産税評価証明書
⑤土地が借地の場合・・・借地契約書
⑥証人2名の氏名・住所・職業・生年月日を書いたメモ（証人には相続人、受遺者、その配偶者・直系血族はなれません）。

〈証書作成当日〉

遺言者・・・実印を持参
証人・・・認印を持参

相続が発生したとき、誰に相談をしたら良いかを迷っている方が多く見受けられます。

普段税理士と縁の無いサラリーマンの方や、年金生活者、小規模なアパート経営者など一般の大多数の方は、税理士自体の職業を理解していない方が多いのが現実です。

相談窓口としては弁護士、司法書士、行政書士などの士業、信託銀行などの金融機関、建設屋・不動産屋など多岐にわたります。それぞれ特徴がありますが、最終的には税金のことを良くわかる、相続に精通した税理士に相談することをオススメします。

巻末付録

－このページよりレイアウトが逆になっています－

最新版!!　相続税のポイントと相続対策に使える特例

はP206よりご参照ください。

⑨相続人がいない場合
⑩相続人以外の人に贈与したい
⑪法律上の親族関係でない場合

なお連れ子がいる場合や、内縁関係の場合は次の項目もチェックください。

⑫事実上離婚している場合
⑬婚外子のお子様がいる場合
⑭相続人に行方不明（引きこもりなど）のかたがいる

遺言書の作成に関しては、2次相続を含めて総合的に検討することがベストです。

●遺言書作成時のポイント

遺言書には大きくわけて、自筆ですべてを記入する「自筆証書遺言」と、第三者を立てて作成する「公正証書遺言」があります。

（1）自筆証書遺言
自筆証書遺言はペンが1本あれば、作成することができる手軽な遺言書ですが、必ず自筆であることが条件でワープロは使用禁止です。

手軽な反面、日付や署名を書き忘れると無効になるなど、書式についても厳しくきまっています。

書き終わったら封筒に遺言書であることを記載してください

①遺言書の内容全文が自署でなければならない。
②日付も自署しなければならない。
③氏名を自署しなければならない。
④氏名を自署した上で、遺言者自身の印で押印しなければならない（三文判でも良いが、できれば実印が良い、シャチハタは不可）。
⑤必ず封筒に入れ、糊付けしなければならない。
⑥必ず、遺言執行人を指定してしなくてはならない。

遺言執行人のない遺言書は、その後の手続きが非常に煩雑になります。

執行人は誰でも（法人以外の自然人）結構です、また、複数指定してもかまいません。複数指定する場合は代表者を決定してく

ました。

特例贈与財産とは、平成27年以降に20歳以上の者（子や孫、曽孫）が直系尊属から贈与を受けた財産のことをいいます。この新設により減税されます。

贈与税の税率等の改正

<table>
<tr><th rowspan="3">基礎控除後の課税価格</th><th colspan="2" rowspan="2">～平成26年
12月31日</th><th colspan="4">平成27年1月1日以降</th></tr>
<tr><th colspan="2">一般</th><th colspan="2">特例贈与</th></tr>
<tr><th>税率</th><th>控除額</th><th>税率</th><th>控除額</th><th>税率</th><th>控除額</th></tr>
<tr><td>～200万円以下</td><td>10%</td><td>-</td><td>10%</td><td>-</td><td>10%</td><td>-</td></tr>
<tr><td>200万円超～300万円以下</td><td>15%</td><td>10万円</td><td>15%</td><td>10万円</td><td rowspan="2">15%</td><td rowspan="2">10万円</td></tr>
<tr><td>300万円超～400万円以下</td><td>20%</td><td>25万円</td><td>20%</td><td>25万円</td></tr>
<tr><td>400万円超～600万円以下</td><td>30%</td><td>65万円</td><td>30%</td><td>65万円</td><td>20%</td><td>30万円</td></tr>
<tr><td>600万円超～1000万円以下</td><td>40%</td><td>125万円</td><td>40%</td><td>125万円</td><td>30%</td><td>90万円</td></tr>
<tr><td>1000万円超～1500万円以下</td><td rowspan="4">50%</td><td rowspan="4">225万円</td><td>45%</td><td>175万円</td><td>40%</td><td>190万円</td></tr>
<tr><td>1500万円超～3000万円以下</td><td>50%</td><td>250万円</td><td>45%</td><td>265万円</td></tr>
<tr><td>3000万円超～4500万円以下</td><td rowspan="2">55%</td><td rowspan="2">400万円</td><td>50%</td><td>415万円</td></tr>
<tr><td>4500万円超～</td><td>55%</td><td>640万円</td></tr>
</table>

4、遺言について

円満な相続をするためには遺言書が不可欠です。

家族仲が良いように思えても、それは、しっかりした家長がいるからであって、多くの家庭が遺産分割でもめています。

ここでは、遺言書のルールについて解説します。

●遺言書を書いた方が良いケース

遺言書の話になると「うちは財産がないから関係ない！」とおっしゃる方も多いですが、ご自身が自覚していないだけで、じつは遺言書がないからといって、どろどろの相続争いに発展する可能性もあります。

次のリストをチェックして、いくつか当てはまるようであれば、必ず遺言書を用意しましょう。

①子供のいない夫婦の場合
②商売を譲りたい
③配偶者の将来の事が特に心配な場合
④大きな資産として持ち家が1軒ある程度である。
⑤既に贈与した財産を遺産に含めるか明確にしたい。
⑥相続人同士の仲が悪い
⑦特定のお子様の素行に問題がある場合
⑧相続人に特定の財産を与えたい又は与えたくない。

場合には、その金額を控除した残額が非課税限度額となります（一定の場合を除きます）。ただし、上記ロの表における非課税限度額は、平成31年3月31日までに住宅用の家屋の新築等に係る契約を締結し、既に非課税の特例の適用を受けて贈与税が非課税となった金額がある場合でも、その金額を控除する必要はありません。

また、平成31年4月1日以後に住宅用の家屋の新築等に係る契約を締結して非課税の特例の適用を受ける場合の受贈者ごとの非課税限度額は、上記イ及びロの表の金額のうちいずれか多い金額となります。

（注2）「省エネ等住宅」とは、省エネ等基準（断熱等性能等級4若しくは一次エネルギー消費量等級4以上であること、耐震等級（構造躯体の倒壊等防止）2以上若しくは免震建築物であること又は高齢者等配慮対策等級（専用部分）3以上であること）に適合する住宅用の家屋であることにつき、一定の書類により証明されたものをいいます。

（3）教育資金の一括贈与に係る贈与税の非課税措置

30歳未満の子供が祖父母から大学進学、留学など教育資金の一括贈与を受けた場合、1500万円まで贈与税が非課税となる制度です。

法改正により平成27年12月31日より、平成31年3月31日まで延長となりました、

教育資金の一括贈与の活用を考える

父母、祖父母 → 教育資金1500万円非課税

平成31年3月31日まで

（4）結婚・子育て資金の一括贈与に係る贈与税の非課税措置の創設

結婚・子育て資金に対して、20歳以上50歳未満の者の子や孫（以下、受贈者という）であれば、その父母や祖父母など直系尊属（以下、贈与者という）が贈与する場合、受贈者1人につき1000万円（結婚資金の贈与は300万円まで）までの金額は贈与税がかかりません。

贈与するためには金融機関（信託銀行を含む信託会社は、銀行等及び金融商品取引業者、第一種金融商品取引業を行う者に限る）に信託等にすることが定められており、平成27年4月1日から平成31年3月31日までの期間限定です。

●その他の贈与税の税率等の改正

「一般の贈与財産に係る贈与税の税率」が1000万円超で増税になります。また「特例贈与財産に係る贈与税の税率」が新設され

(1) 贈与税の配偶者控除の特例

婚姻期間が20年以上の夫婦の間で、居住用不動産又は居住用不動産を取得するための金銭の贈与が行われた場合、基礎控除110万円のほかに最高2,000万円まで控除（配偶者控除）できるという特例です。

適用条件は以下です。

①夫婦の婚姻期間が20年を過ぎた後に贈与が行われたこと

②配偶者から贈与された財産が、自分が住むための国内の居住用不動産であること又は居住用不動産を取得するための金銭であること

③贈与を受けた年の翌年3月15日までに、贈与により取得した国内の居住用不動産又は贈与を受けた金銭で取得した国内の居住用不動産に、贈与を受けた者が現実に住んでおり、その後も引き続き住む見込みであること

④配偶者控除は同じ配偶者からの贈与については一生に一度しか適用を受けることができません。

居住用財産を贈与した場合の配偶者控除の活用を考える

要件

婚姻期間が20年以上
一生に1回限り　→　2000万円まで非課税

(2) 住宅取得等資金の贈与に係る贈与税の非課税措置

受贈者ごとの非課税限度額は、次のイ又はロの表のとおり、新築等をする住宅用の家屋の種類ごとに、受贈者が最初に非課税の特例の適用を受けようとする住宅用の家屋の新築等に係る契約の締結日に応じた金額となります。

イ　下記ロ以外の場合

住宅用家屋の取得等に係る契約の締結日	省エネ等住宅	左記以外の住宅
～平成27年12月31日	1,500万円	1,000万円
平成28年1月1日～平成32年3月31日	1,200万円	700万円
平成32年4月1日～平成33年3月31日	1,000万円	500万円
平成33年4月1日～平成33年12月31日	800万円	300万円

ロ　住宅用の家屋の新築等に係る対価等の額に含まれる消費税等の税率が10%である場合

住宅用家屋の取得等に係る契約の締結日	省エネ等住宅	左記以外の住宅
平成31年4月1日～平成32年3月31日	3,000万円	2,500万円
平成32年4月1日～平成33年3月31日	1,500万円	1,000万円
平成33年4月1日～平成33年12月31日	1,200万円	700万円

(注1)　既に非課税の特例の適用を受けて贈与税が非課税となった金額がある

3、相続税対策に使える生前贈与

生前贈与を上手に活用することにより、相続税を軽減することが可能です。

贈与税には「暦年課税制度」「相続税精算課税制度」があります。

●暦年課税制度を使った生前贈与

暦年課税は、贈与を受けた人（受贈者）が1月1日から12月31日までの1年間にもらった財産の合計額が基礎控除額（110万円）を超える場合に、その超える部分に対して贈与税がかかります。

暦年課税制度を使った生前贈与とは、「110万円の基礎控除（非課税枠）による生前贈与」です。もらった財産の合計額が110万円以下の場合には、贈与税はかかりませんし、申告も不要です。

●相続時精算課税制度を使った生前贈与

平成27年の1月1日の改正以降、その年1月1日時点の年齢が60歳以上の親や祖父母から20歳以上の子や孫への贈与の場合には、相続時精算課税を選択することができます。

この制度を選択すると、2500万円までは贈与税を支払うことはなく、これを超える部分については、一律20％の贈与税を納めることになります。そして相続発生時に、その贈与価格を相続財産に加算して相続税を計算します。

なお相続時に加算される贈与財産の評価は、相続開始時ではなく、その贈与時の価額によります。既に納付した贈与税額は、相続税から差し引かれます。

相続時精算制度を選択すると暦年課税に戻ることはできません。父からの贈与については相続時精算課税を選択し、母からの贈与については暦年課税ということも可能です。相続時精算課税を選択すると、通算で2500万円の贈与まで贈与税はかかりません。

また贈与税の改正に伴う特例贈与の詳細は192ページを参照ください。

●贈与税4つの特例

贈与税にも相続税と同じように課税額が軽減される特例があります。ここでは知っておきたい贈与税の特例を紹介します。

現　行
上限 240㎡

→

改正案
上限 330㎡

(2) 特定居住用宅地等の特例と特定事業用等宅地等の特例の完全併用

特例の対象として選択する宅地等の全てが特定事業用等宅地等及び特定居住用宅地等である場合には、それぞれの適用対象面積まで適用可能とされます。

現　行
限定併用
事業用：400㎡ ← 繰入れ
居住用：240㎡ ←
⇒最大 400㎡

→

改正案
完全併用
事業用：400㎡ } 完全併用
居住用：330㎡ }
⇒最大 730㎡

なお、貸付事業用宅地等を選択する場合における適用対象面積の計算については、現行どおり、調整を行うこととされます。

(3) 改正後の小規模宅地等の特例の限度面積と減額割合

相続開始の直前における宅地等の利用区分			要件		限度面積	減額される割合
被相続人等の事業の用に供されていた宅地等	貸付事業以外の事業用の宅地等		①	特定事業用宅地等に該当する宅地等	400㎡	80%
	貸付事業用の宅地等	一定の法人に貸し付けられ、その法人の事業(貸付事業を除く)用の宅地等	②	特定同族会社事業用宅地等に該当する宅地等	400㎡	80%
			③	貸付事業用宅地等に該当する宅地等	200㎡	50%
		一定の法人に貸し付けられ、その法人の貸付事業用の宅地等	④	貸付事業用宅地等に該当する宅地等	200㎡	50%
		被相続人等の貸付事業用の宅地等	⑤	貸付事業用宅地等に該当する宅地等	200㎡	50%
被相続人等の居住の用に供されていた宅地等			⑥	特定居住用宅地等に該当する宅地等	240㎡ ↓ 330㎡	80%

出典：国税庁HP　https://www.nta.go.jp/

これらの③④⑤がある場合の「限度面積」の計算方法は次になります。

> 200㎡－（A×200㎡÷400㎡＋B×200㎡÷330㎡）
> ＝貸付事業用宅地等の限度面積

A：上記①「特定事業用宅地等」＋②「特定同族会社事業用宅地等」
B：⑥「特定居住用宅地等」

業」及び事業と称するに至らない不動産の貸付けその他これに類する行為で相当の対価を得て継続的に行う「準事業」をいいます。

また「貸付事業用宅地等」で注意すべきポイントは、「駐車場用地」が青空駐車場で何ら設備を行っていないようなところは否認される可能性があります。

法律上、宅地等には建物又は構築物があるものと定義されているからです。

駐車場の構築物とは、コンクリート敷・ブロック敷・レンガ敷・石敷（砂利）・アスファルト敷・木レンガ敷・ビチューマルス敷のものを指します。

砂利敷きでも相当期間たっているところなどは、車止めや区画ロープなどがきちっとしてある必要があります。


平成30年の税制改正により平成30年4月1日以降開始の相続税について「貸付事業用宅地」の規制が入りました。

【改正内容】

相続開始前3年以内に貸し付けを開始した不動産については、対象から除外されることとなりました。ただし、事業的規模で貸付けを行っている場合は除かれます。


この特例に「貸家建付地の評価減」を併用することで節税の効果はさらに高まります。

「貸家建付地の評価減」とは賃貸不動産を建てることにより、その土地は使用が制限され、自由に売ったりすることができなくなり、更地の時よりも土地の評価が下がります。

具体的には「借地権割合×借家権割合」が相続税評価額から差し引かれます。都市部の住宅地であれば、借地権を割合は、50%、60%、70%のことが多いでしょう。借家権割合は30%とされているので、借地権割合が60%ならば、「借地権割合×借家権割合」は18%ですから、18%減になります。

●小規模宅地等の特例の改正

小規模宅地の特例については、改正により減税対象が拡大されています。次からは具体的にどのように改正されたのか解説します。

（1）特定居住用宅地等の特例
特定居住用宅地等に係る特例の適用対象面積を330㎡（改正前240㎡）までの部分に拡充することになりました。

(2) 特定事業用宅地等

特定事業用宅地等には「特定事業用宅地等」「特定同族会社事業用宅地等」があります。

「特定事業用宅地等」とは、相続開始直前に被相続人などの事業の用に供されていた宅地などで、一定の要件に該当する親族が相続するもの。「特定同族会社事業用宅地等」とは、相続開始の直前から相続税の申告期限まで、貸付事業を除く一定の法人の事業の用に供されていた宅地等で、一定の要件に該当する親族が相続するものをいいます。

特定事業用宅地等の特例とは、相続開始の直前において被相続人(または同一生計親族)の事業(貸付事業を除く)の用に使用されていた土地(または借地権等)を、次の要件に該当する被相続人の親族が取得した場合に、相続税の課税価格に算入すべき価額の計算上、400㎡までの課税価格を80%に減額します。

貸付事業とは、「不動産貸付業」、「駐車場業」、「自転車駐車場業」及び事業と称するに至らない不動産の貸付けその他これに類する行為で相当の対価を得て継続に行う準事業をいいます。

196ページ(3)の表区分に応じて、それぞれに掲げる要件の全てに該当する被相続人の親族が相続又は遺贈により取得したものをいいます(表区分に応じ、それぞれに掲げる要件の全てに該当する部分で、それぞれの要件に該当する被相続人の親族が相続又は遺贈により取得した持分の割合に応ずる部分に限られます)。

(3) 貸付事業用宅地等

被相続人または被相続人と生計を一にする親族の貸付事業の用に供されていた宅地等で、申告期限まで引き続き所有し、貸付事業の用に供している宅地等については、200㎡までの部分については、評価額が50%減額されます。

簡単にいえば、親の経営するアパート、マンション、駐車場などの不動産賃貸事業を引き継ぐことにより、評価額減が受けられるという特例です。

貸付事業用宅地等

区分	特例の適用要件	
被相続人の事業の用に供されていた宅地等	事業承継要件	その宅地等の上で営まれていた被相続人の事業を相続税の申告期限までに引き継ぎ、かつ、その申告期限までその事業を営んでいること。
	保有継続要件	その宅地等を相続税の申告期限まで有していること。
被相続人と生計を一にしていた被相続人の親族の事業の用に供されていた宅地等	事業継続要件	相続開始の直前から相続税の申告期限まで、その宅地等の上で事業を営んでいること。
	保有継続要件	その宅地等を相続税の申告期限まで有していること。

出典:国税庁HP https://www.nta.go.jp/

「貸付事業」とは、「不動産貸付業」、「駐車場業」、「自転車駐車場

いない場合に限り「一定の別居親族」となります。

　一緒に暮らしている配偶者、また二世帯住宅に暮らす子世帯であれば問題ありませんが、別居の子世帯の場合は「一定の別居親族」の要件を満たす必要があります。
・日本に住所を有するか、または日本国籍を有している
・相続前3年以内に日本国内にある自己または自己の配偶者の所有する家屋に居住したことがない

　これが対談で紹介した「家なき子」です。相続前3年以内に持ち家に住んでいないことが一番のポイントになります。

特定居住用宅地の適用条件

区分	特例の適用要件	
	取得者	取得者等ごとの要件
被相続人の居住の用に供されていた宅地等	被相続人の配偶者	「取得者ごとの要件」はありません。
	被相続人と同居していた親族	相続開始の時から相続税の申告期限まで、引き続きその家屋に居住し、かつ、その宅地等を相続税の申告期限まで有している人
	被相続人と同居していない親族	①及び②に該当する場合で、かつ、次の③から⑤までの要件を満たす人 ①被相続人に配偶者がいないこと ②被相続人に相続開始の直前においてその被相続人の居住の用に供されていた家屋に居住していた親族で相続人がいないこと。 ③相続開始前3年以内に日本国内にある自己又は自己の配偶者の所有する家屋に居住したことがないこと。 ④その宅地等を相続税の申告期限まで有していること。 ⑤相続開始の時に日本国内に住所を有していること、又は、日本国籍を有していること。
被相続人と生計を一にする被相続人の親族の居住の用に供されていた宅地等	被相続人の配偶者	「取得者ごとの要件」はありません。
	被相続人と生計を一にしていた親族	相続開始の直前から相続税の申告期限まで引き続きその家屋に居住し、かつ、その宅地等を相続税の申告期限まで有している人

出典：国税庁HP　https://www.nta.go.jp/

　平成30年の税制改正により平成30年4月1日以降開始の相続税について「家なき子」の規制が入りました。
1. 上記の表の③の要件が変更になりました。
【改正前】
③相続開始前3年以内に日本国内にあるその人又はその人の配偶者の所有する家屋に居住したことがない人が取得すること。
【改正後】
③相続開始前3年以内に、その者の3親等内の親族またはその者と特別な関係のある法人が有する国内にある家屋に居住したことがある者、以外の者が取得すること。
2. 新たに下記の要件が加わりました。
　相続開始時において居住の用に供していた家屋を過去に所有していたことがある者、以外の者が取得すること。

　この改正により、家なき子のさまざまな生前対策が封じ込まれました。今後は、親との同居を中心に、特定居住用の小規模宅地の特例の適用を考えて行く必要があります。ただし、平成32年3月31日までは、一定の要件の下での経過措置があります。

2、相続税対策に使える特例

相続税を減額するために使える特例をご紹介します。
長年連れ添った配偶者へ向けての「配偶者の税額軽減」と、居住していた家などに対する「小規模宅地等の特例」です。それぞれを解説します

●配偶者の税額軽減

配偶者の税額軽減とは、被相続人の配偶者が遺産分割や遺贈により実際に取得した正味の遺産額が、次のいずれか多い金額までは相続しても相続税がかからないという制度です。

（1）配偶者の法定相続分相当額
（2）1億6000万円

この配偶者の税額軽減は、配偶者が遺産分割などで実際に取得した財産を基に計算されることになっています。

したがって、相続税の申告期限までに分割されていない財産は税額軽減の対象になりません。

ただし、相続税の申告書又は更正の請求書に「申告期限後3年以内の分割見込書」を添付した上で、申告期限までに分割されなかった財産について申告期限から3年以内に分割したときは、税額軽減の対象になります。

なお、相続税の申告期限から3年を経過する日までに分割できないやむを得ない事情があり、税務署長の承認を受けた場合で、その事情がなくなった日の翌日から4ヶ月以内に分割されたときも、税額軽減の対象になります。

●小規模宅地の住宅の特例等とは？

小規模宅地の特例とは、居住用、事業用、貸付用の宅地に対して、一定の要件を満たせば、相続税評価額が80％減額、もしくは50％減額される特例です。

それぞれの適用要件は次になります。

（1）特定居住用宅地等
特例の適用を受けられるのは、「配偶者」「同居親族」いずれも

●相続税の基礎控除額と税率構造の見直しによる相続税への影響額

今回の相続税改正によって、実際どれくらいの影響があるのか計算を行った表を資料として用意しました。

(1) 配偶者と子供が相続人である場合（配偶者は法定相続分を相続した場合）

配偶者と子供が相続人である場合、改正前は課税資産が5000万円であれば、相続税の課税対象になりませんでした。しかし今はでは子供2人であっても相続税がかかります。金額は少ないものの、速やかな遺産分割を行い納税を行う必要があるのです。

課税価格	子供1人			子供2人			子供3人		
	改正前	改正後	増税額	改正前	改正後	増税額	改正前	改正後	増税額
5千万円	0	40	40	0	10	10	0	0	0
1億円	175	385	210	100	315	215	50	262	212
3億円	2,900	3,460	560	2,300	2,860	560	2,000	2,540	540
5億円	6,900	7,605	705	5,850	6,555	705	5,275	5,962	687
10億円	18,550	19,750	1,200	16,650	17,810	1,160	15,575	16,635	1,060
20億円	43,550	46,645	3,095	40,950	43,440	2,490	38,350	41,182	2,832

(2) 子供のみが相続人である場合

すでに配偶者の死去した二次相続では、子供のみが相続人になります。その場合は、配偶者＋子供に比べて、圧倒的に税負担は大きくなっています。大事なことは一次相続時に二次相続を見据えることです。

課税価格	子供1人			子供2人			子供3人		
	改正前	改正後	増税額	改正前	改正後	増税額	改正前	改正後	増税額
5千万円	0	160	160	0	80	80	0	20	20
1億円	600	1,220	620	350	770	420	200	630	430
3億円	7,900	9,180	1,280	5,800	6,920	1,120	4,500	5,460	960
5億円	17,300	19,000	1,700	13,800	15,210	1,410	11,700	12,980	1,280
10億円	42,300	45,820	3,520	37,100	39,500	2,400	31,900	34,500	2,600
20億円	92,300	100,820	8,520	87,100	93,290	6,190	81,900	85,760	3,860

●相続税改正のポイント

平成27年1月1日より施行された税改正の大きなポイントは「基礎控除額の引き下げ」「相続税率の引き上げ」の2点です。

○基礎控除額の引き下げ

平成25年度税制改正において、相続税の基礎控除が現行水準の60%に引き下げる改正が行われ、増税になりました。これにより多くの方が、相続税の申告をしなければならなくなります。

	改正前	改正後
定額控除	5,000万円	3,000万円
法定相続人比例控除	1,000万円に法定相続人の数を乗じた金額	600万円に法定相続人の数を乗じた金額

法定相続人数	改正前	改正後	差額
2人	7,000万円	4,200万円	2,800万円
3人	8,000万円	4,800万円	3,200万円
4人	9,000万円	5,400万円	3,600万円

○相続税率の引き上げ

相続税の資産再配分機能を向上させるため、以下のように税率構造が改正され、増税となります。

改正前			改正後		
各取得分の金額	率（%）	控除額（万円）	各取得分の金額	率（%）	控除額（万円）
1,000万円以下	10	—	1,000万円以下	10	—
3,000万円以下	15	50	3,000万円以下	15	50
5,000万円以下	20	200	5,000万円以下	20	200
1億円以下	30	700	1億円以下	30	700
3億円以下	40	1,700	2億円以下	40	1,700
3億円超	50	4,700	3億円以下	45	2,700
			6億円以下	50	4,200
			6億円超	55	7,200

相続税には「基礎控除額」があり、相続財産が基礎控除額以下の場合には、相続税はかかりません。

相続税は次の式で計算されます。

財産（相続税評価額ベース）－債務－葬式費用－基礎控除＝課税価額
法定相続分に応じた課税価額×税率－控除額＝法定相続分に応じた相続税額
各法定相続分に応じた相続税の合計額（相続税の総額）－配偶者控除＝支払う相続税

なお相続税の計算では、次の3要素で税金が変わります。

①課税価格（純財産）・・・財産が多ければ税金は高くなります。
②法定相続人の数・・・法定相続人が多ければ相続税は安くなります。
③配偶者の有無・・・配偶者がいると安くなる可能性があります。

相続税の申告期限は、相続開始日（死亡した日）の翌日から10ヶ月以内と定められており、遺言書が無い場合には、それまでに遺産分割協議を終わらせなくてはいけません。なお相続税の支払い期限も申告期限と同様です。

相続対策は、「いざそのときでは遅すぎる」と言われるのは、このように期限が設けられているからです。

法改正により、税金の支払いのない場合でも申告が必要なケースが増えていますので、早め早めに準備しておきましょう。

相続税の早見表（平成27年1月1日以後の相続または遺贈の場合）

遺産総額（課税価格）	配偶者がいる場合			配偶者がいない場合		
	子1人	子2人	子3人	子1人	子2人	子3人
7,000	160	113	80	480	320	220
10,000	385	315	262	1,220	770	630
15,000	920	748	665	2,860	1,840	1,440
20,000	1,670	1,350	1,217	4,860	3,340	2,460
25,000	2,460	1,985	1,800	6,930	4,920	3,960
30,000	3,460	2,860	2,540	9,180	6,920	5,460
35,000	4,460	3,735	3,290	11,500	8,920	6,980
40,000	5,460	4,610	4,155	14,000	10,920	8,980
45,000	6,480	5,493	5,030	16,500	12,960	10,980
50,000	7,605	6,555	5,962	19,000	15,210	12,980
100,000	19,750	17,810	16,635	45,820	39,500	35,000

（単位：万円）

民法では、遺言がない場合、相続人全員の話し合いで自由に遺産分割できるとされていますが、その場合に、相続人が権利として主張できる法律上の相続分（法定相続分）について、次のように定めています。

①相続人が配偶者と被相続人の子供
→　配偶者2分の1、子供2分の1
②相続人が配偶者と被相続人の父母
→配偶者3分の2、父母3分の1
③相続人が配偶者と被相続人の兄弟
→　配偶者4分の3、兄弟4分の1

なお、子供、父母、兄弟がそれぞれ2人以上いるときは、原則として均等に分けます。

●相続が開始したときにかかる費用

相続開始にあたって必要となる費用は次です。「相続税」ばかりがクローズアップされていますが、実際には相続税よりも、その他の費用の方が大きくかかる方が多いものです。

相続が開始したときにかかる費用一覧
・葬儀費用（お寺、葬儀社、墓の購入など）。
・相続税
・土地建物の名義書換（登録免許税）。
・遺言執行費用・遺産整理費用（弁護士や信託銀行など）。
・土地の測量代（貸地や分筆が必要な場合など）。
・不動産鑑定料（土地の評価の特例利用や遺産分割協議用）。
・相続税申告作成料（税理士費用）。
・海外不動産などの名義書換や遺言執行費用はじめ渡航費など。
・相続で調停が起きた場合は、その調停の弁護士費用等。

●相続税の計算方法と申告期限

相続税とは、亡くなった人の財産を相続したときにかかる税金のことをいいます。

財産とは、不動産、預貯金、有価証券、借地権、貸付金・売掛金などのほか、借金などのマイナスの財産も含まれます。 また相続人は、具体的な権利義務に限らず、被相続人の財産的な法律上の地位も引き継ぐことになります。

1、相続税の基本

相続は誰しもが関係あることです。「うちは資産家ではないから関係ない」というお宅に限って、泥沼の分割争いが起こっている現実があります。

相続税支払いや申告の有無にも関わらず、相続について御家族で話し合っておく必要があります。

まずは相続の基本から知りましょう。

●相続とは？

相続税の基本の前に、「相続」について説明からはじめます。

相続とは、人が亡くなったとき（亡くなった人を被相続人といいます）、その人の財産などの様々な権利・義務をその人の子や妻など一定の身分関係にある人（相続人といいます）が継承することをいいます。

相続人になれる人（法定相続人）は配偶者、子（いわゆる直系卑属）、両親（いわゆる直系尊属）、兄弟姉妹などに限られ、その順位も民法で定められています。配偶者は無条件で相続人となり、配偶者以外は次の順位によります。

相続人の範囲と順位

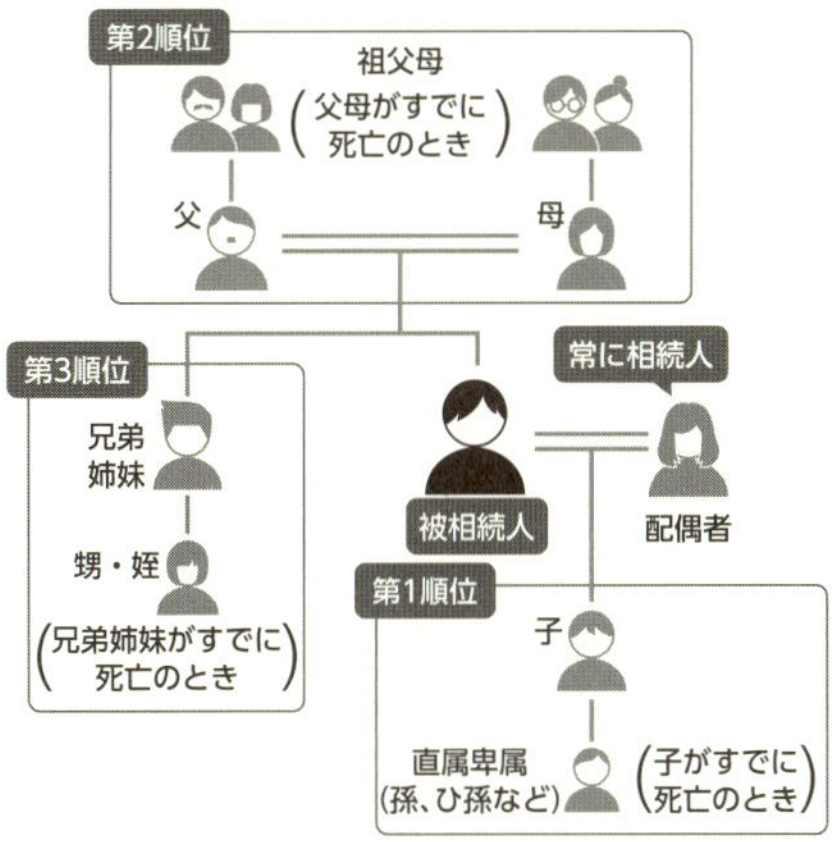

最新版!!
相続税のポイントと
相続対策に使える特例

税理士 浅野 和治氏 監修

　巻末付録として、浅野和治税理士による相続税の基本から、**2015年1月に大改革を行った相続税改正のポイントと2018年の最新情報、知っておきたい相続税対策に使える特例などを4つのポイント**にわけてご紹介します。

　難しい専門用語もありますが、なるべくわかりやすく図や表を使って解説しています。

　本文中に出てくる税法の説明にもなっていますので、全部をお読みにならなくても、ご自身の興味のある部分だけでもご確認ください。

　無知は罪です。知らないことでする「損」、取り返しのつかない大きな「失敗」もあります。

　対談にもありましたが、私自身の苦い経験も含めて、後から「○○しておけば良かった」ということは必ずあります。必要なことはしっかり学んで円満に相続をしたいものです。

著者略歴

白岩　貢（しらいわ　みつぐ）

1959年、世田谷で工務店経営者の次男として生まれる。

世田谷にて珈琲専門店を経営していたが、株式投資の信用取引に手を出してバブル崩壊と共に人生も崩壊。夜逃げ、離婚、自己破産を経てタクシー運転手になり、その後、土地の相続を受けて本格的にアパート経営に乗り出す。

60室の大家でありながら本業の傍ら不動産投資アドバイザーとして、その時代に合ったアパートづくりを累計360棟サポートしている。現在は、東京・京都を中心に日本のブランド立地で徹底して建物にこだわった「旅館アパート」を開始約2年で30棟以上（本書執筆時）展開中。

著作に「アパート投資の王道」（ダイヤモンド社）、「親の家で金持ちになる方法」（アスペクト）、「家賃収入3倍増！"旅館アパート"投資術～365日宿泊可能な合法民泊～」「新版 新築アパート投資の原点」（共にごま書房新社）ほか、計12冊執筆。

■著者HP　http://shiraiwamitsugu.com/
■著者ブログ　http://blog.livedoor.jp/mitsugu217/

"続" 親のボロ家《いえ》から
笑顔の家賃収入を得る秘策！

著　者　白岩 貢
発行者　池田 雅行
発行所　株式会社 ごま書房新社
〒101-0031
東京都千代田区東神田1-5-5
マルキビル7階
TEL 03-3865-8641（代）
FAX 03-3865-8643
カバーデザイン　堀川 もと恵（@magimo創作所）
編集協力　布施 ゆき
印刷・製本　倉敷印刷株式会社

ISBN978-4-341-08715-9 C0034

ごま書房新社の本

家賃収入3倍増！
"旅館アパート" 投資術
～365日宿泊可能な合法民泊～

大家 **白岩 貢** 著

【年間3000万人！ 外国人需要の波に乗る "旅館アパート" の驚くべき仕組みとは!?】
「旅館アパート」は私の造語ですが、見た目はそのまま貸家・アパートでありますが、賃貸住宅とは思えないほどの収益をもたらします。ヤミ民泊が一掃された今こそがチャンスです。「旅館アパート」投資のすべてを知りたい方はどうぞ、読み進めてください。

事例【廃業した床屋】家賃20万円→67万円にUP！【店舗物件】家賃17万円→51万円にUP！など、アパート一筋360棟大家の最新ノウハウを公開！ "賃貸物件"が「買えない！」「儲からない！」時代の新しい不動産経営術。

本体1550円＋税　四六判　220頁　ISBN978-4-341-08703-6　C0034

ごま書房新社の本

～“新築”利回り10%時代突入! 350棟のアパートづくりをおこなった大家の革命～

新版
新築アパート投資の原点

専業大家　白岩 貢　著

10年間破綻者なし！
アパート一筋の
大家ならではの成功方法

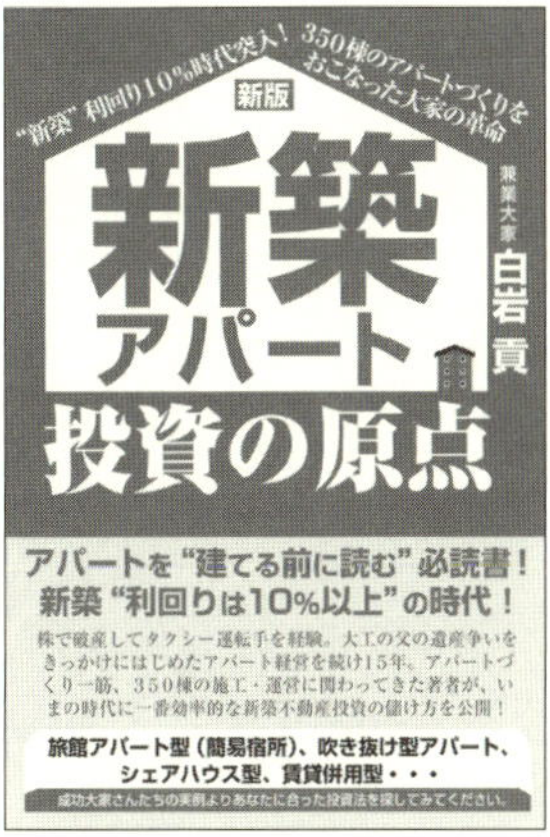

カラー実例付で
わかりやすい！

【旅館アパート(簡易宿所)、吹き抜け型アパートなど激動のアパート投資最前線を知る!】

利回りも大事ですが、「儲け」を重視しすぎると、一番大事な部分が抜け落ちてしまい、長い目で見た時のリスクが膨らみます。

不動産投資といっても、その手法は様々です。どれが正しくて、どれが間違っているということではないと思います。ただし、著者は、これまでの経験から、「勝てるアパートをつくることができる」という自信と実績を築いてきました。

本書では、これから進むべく不動産投資、特に新築アパート投資のあるべき道をアパート投資のプロである著者の考えと経験に基づいてお伝えします。

本体1550円+税　四六判　212頁　ISBN978-4-341-08684-8　C0034